朝日新聞が財務省の犬になった日

大村大次郎
元国税調査官

はじめに

本書は、朝日新聞が財務省の言いなりになり、広告塔になっていく様を追及したものである。

朝日新聞というと、国の政策に反対ばかりしている印象を持っている人も多いはずだ。しかし、朝日新聞の本質というのは、「利のためならば平気で権力に尻尾を振る」のである。

しかも朝日新聞のたちが悪いのは、表面上は、権力に抵抗するような姿勢を見せ、裏で権力に迎合していることである。

そのため、朝日新聞は国家権力の広告塔としての能力が増しているのだ。辛口の評論家が褒めれば、すごくいいもののように思われる。それと同じように、ふだん権力に抵抗しているように見える朝日新聞が、権力の意向を汲んだ記事を書けば、世間はそれを、「正しいこと」のように受け取ってしまうのだ。

その最たるものが消費税である。

朝日新聞は、かつて大型間接税の導入に反対していたが、あるときから急に消費税を積極的に推奨するようになった。それを見て、多くの人が「消費税は社会に必要な良い税金」と思うようになった。

しかし、朝日新聞が消費税を推奨するようになったのは、ごくごく社内的な利害によるものだったのである。朝日新聞は、自分たちの利益を守るために、悪魔に魂を売り払ったのである。

ところで、財務省と朝日新聞には大きな共通点がある。

それは、「巨大な権力を持っている」ということである。

それは一般の人が想像しているよりも、はるかに大きい。

詳しくは本文で述べるが、財務省が持っているのは予算策定権だけではない。金融庁、国税庁、公正取引委員会も実質的に支配下に置いており、日本銀行にも大きな影響力を持っている。

つまりは財政、金融、商取引など、日本の政治経済の軸を財務省が握っているのだ。本来は国の会計係に過ぎない財務省が、これほどの巨大な権力を持つというのは、異常であり、世界でも類を見ないものである。

また朝日新聞の持っている権力も相当なものである。

朝日新聞は、世界第二位の発行部数を持つ巨大な新聞社であるとともに、全国ネットの民放テレビ局を傘下に持っている。巨大新聞社が全国ネットのテレビ局を保有しているのも、世界に例を見ないものである。しかも、朝日新聞は日本で有数の不動産会社でもある。

朝日新聞は反権力的な存在だと見られがちだが、決してそうではなく、むしろ巨大な権力を持っている側なのだ。

民主主義国家というのは、「権力の分散」を旨としている。

権力は集中すると必ず腐敗し、社会の弊害となるからだ。財務省と朝日新聞は、この民主主義思想とは、まったく正反対に位置する存在なのだ。そして財務省も朝日新聞も、民主主義の原則通りに腐敗し、社会の弊害となっている。

本書を読み進めると、財務省や朝日新聞のあまりの悪行に気分が悪くなる人も多いはずだ。筆者自身、これを書き進めていくうちに、すっかり気分が落ち込んでしまった。

しかし日本人として、決してこの事実から目をそらしてはならない。この国の将来に大きく関わることだからだ。

朝日新聞が財務省の犬になった日 ◎ 目次

第2章　財務官僚と朝日新聞の攻防　43

第5章　そして日本は格差社会になった　119

第6章　日本を壊す二匹の怪物　165

第1章

財務省が消費税にこだわる理由

消費税は世界最悪の税金

日本の消費税というのは、世界最悪の税金である。

こういうことを言うと、

「消費税は国民みんながモノを買った分だけ負担する公平な税金」

「日本よりも消費税が高い国はたくさんある」

「少子高齢化の財源として消費税は必要」

「日本は所得税、法人税が高いので上げるとすれば消費税しかない」

などと反論する人もいるだろう。

しかし、それは財務省の必死のプロパガンダに毒されているだけである。詳細は後述するが、財務省は電通などを使って「消費税はいい税金だ」という喧伝をさんざん行ってきた。そのため、財務省の喧伝を真に受けて「消費税はいい税金だ」と思い込んでいる人がたくさんいるのだ。

財務省の喧伝が大ウソであることは、おいおい説明していくとして、ここでは消費税の最大の欠陥だけを指摘しておきたい。

日本の消費税は、とにかく仕組みが雑なのである。

ダイヤモンドにもトイレットペーパーにも同じ税率を課すというような雑な税金は、世界を見渡してもほとんどない。消費税は現在こそ、世間の批判を浴びて生鮮食料品などには２％の軽減税率を設けているが、導入以来、30年もの間、すべての品目に同じ税率が課せられていた。ダイヤモンドにも米にも同じ税率だったのである。しかも現在は設定されている軽減税率も、たったの２％の差しかないのである。

古今東西、こんな雑な税金はなかった。

世界の多くの国で、消費税のような間接税が導入されており、日本よりも税率が高い国はたくさんある。

が、日本の消費税のように、低所得者や零細事業者にまったく配慮のない間接税というのは、世界的に稀なのだ。

消費税には、「貧富の差を拡大する」という性質がある。消費税の最大の欠陥はそれである。

消費税は、そのシステム上、低所得者ほど「税負担率」が高くなる「逆進税」となっている。

たとえば、年収1億円の人は、1億円を全部消費に回すわけではないので、年収に対する消費税負担割合は低くなる。

年収1億円の人が3000万円程度を消費に回した場合、年収に対する消費税の負担割合は3％程度で済むことになる。

が、年収200万円の人は、必然的に年収のほとんどが消費に回ってしまう。ということは、年収200万円の人は、年収に対する消費税の負担割合が10％近くになってしまうのだ。

「年収1億円の人は3％で済むけれど、年収200万円の人には10％も課す」

それが消費税の実体なのだ。

その点、間接税を導入している世界中の国々も、当然、承知している。だから、間接税を導入しているほとんどの国は、低所得者や零細事業者にさまざまな配慮をしているのだ。

イギリスでは標準税率は20％だが、燃料や電気などは5％、食料品、飲料水などは0％となっている。

フランスでは標準税率は20％だが、食料品などは5・5％、医療品などは0％となっている。

ドイツでは標準税率は17％だが、食料品などは７％になっている。

このように、間接税が高い国は、低所得者や零細事業者に手厚い配慮をしているのだ。

しかも、こういう配慮は、先進国だけではない。

間接税を導入している国のほとんどで、同様の配慮がされているのだ。財政事情が非常に悪い国々でも、ある程度の配慮はされている。

たとえば、世界でもっとも財政状況の悪いとされるアルゼンチンの消費税（付加価値税）を見てみたい。

アルゼンチンは、慢性的に財政が悪化しており、２０２０年にも政府が債務不履行に陥っている。アルゼンチン政府が債務不履行に陥ったのは、実に９度目であり、現在ＩＭＦ（国際通貨基金）の支援を受けて財政再建を行っている。

財政は世界で最悪レベルと言っていいだろう。

このアルゼンチンの付加価値税の基本税率は21％である。だが、生鮮食料品はその半分の10・5％である。そして飲料水、書籍などは０％なのだ。

日本の消費税のように、どんな商品にもほぼ一律の税率をかけ、どんな零細事業者にも納税義務を負わせるという乱暴で雑な税金は、世界のどこにもないのだ。

そして現在の「日本の衰退」は、消費税の導入とその増税にまったくリンクしている。

日本が格差社会と言われるようになり、国民生活の貧困化が問題とされるようになったのは、消費税導入以降のことなのである。つまり消費税は理論的にも世界最悪であり、その理論通りの現実をもたらしているのだ。

消費税をつくったのは財務省（旧大蔵省）

この世界最悪の税金「消費税」を導入したのは、財務省（旧大蔵省）である。

「国の税金は国会の審議で決められるのだから、消費税を導入したのは国会であり、国会議員じゃないか」

と思う人もいるだろう。

確かに建前の上では、そうである。しかし、現実はそうではない。

現実的に言えば、消費税は財務省（旧大蔵省）の主導によって立案され、導入されたものなのである。

財務省は、国家的な強い権限を持っている。

国民が知らされている以上に、である。

財務省ほど、強い権力を持っている省庁は他にない。そして、財務省は世界的に見ても稀有なほど、国家権力を集中的に持っているのだ。

まず財務省は、日本国の予算を握っている。建前の上では、国の予算を決めるのは国会であり、国会議員たちがその策定をすることになっている。

しかし、日本の国会議員のほとんどは、予算の組み方などはわからない。だから、実質的に、財務省が策定しているのである。これは、自民党政権であっても他の政権であっても変わりはない。

国家予算を握っているということは、莫大なお金を握っているということである。だからこそ、財務省の権力は大きく、他の省庁や経済界などからも恐れられている。

実は財務省は、昔から大きな力を持っていたわけではない。

戦前は、内務省という官庁が圧倒的に強い力を持っていたし、もちろん軍部も力が強かったので、財務省は三番手、四番手程度の官庁に過ぎなかった。

しかし、日本国憲法の「ある規定」のために財務省（旧大蔵省）の権力が、異常に膨張してしまったのだ。

日本の憲法では、「国の予算には国会の承認が必要である」とされている。そして、国会では、予算の隅から隅まで検討することになっている。

実は、このルールが、財務省の存在を非常に大きくしてしまっているのだ。

戦前はそうではなかった。

戦前も、一応、国の予算は帝国議会の承認を得る必要があった。が、各省庁の経常費用については自動的に認められることになっていたのだ。だから、各省庁は、「何か特別な支出が必要な時」だけ、帝国議会に承認を求めればよかったのだ。

だが、戦後の憲法では、予算はすべて国会の承認が必要ということになった。だから、各省庁は、毎年かかる費用をすべて一から算出し、内閣がそれを精査した上で、国会に提出されることになったのだ。

けれども、内閣も国会も、政治家で構成されており、政治家というのは、予算の細かい内容のことまではわからない。必然的に、各省庁の予算を精査するのは、大蔵省（現財務省）の仕事となった。

つまりは、大蔵省が各省庁の予算計画を精査し、「これはよし」「これはだめ」などと指示するようになったのだ。そのうち、

「大蔵省以外は省庁ではない」

とさえ言われるようになったのだ。

また財務省は、財政面だけではなく、政治面にも非常に大きな権力を持っている。

政治がらみの重要なポストをすべて握っているからだ。

総理秘書官の中でもっとも重要なポストである筆頭秘書官は、財務省の指定席になっている。筆頭秘書官は、総理に四六時中付き添って、政策のアドバイスを行っている。そのため、総理はどうしても財務省寄りの考えになってしまうのだ。

官邸の司令塔的役割の官房副長官補も、財務省からの出向者となっている。重要閣僚の秘書官など、すべての重要ポストは財務省が握っているのだ。

さらに国税庁長官、金融庁長官、公正取引委員会の委員長も、財務省の指定席となっており、常時ではないが、日本銀行の総裁にも就くことがある。日本の政治経済は、財務省に牛耳られているのだ。

民主主義国家では、普通、省庁というものはそれぞれ独立し、それだからこそ、各省庁としての機能が果たせるのだ。しかし日本の場合、財務省がいくつもの省庁のトップを占めており、省庁を横断的に支配している。これは近代国家としては異常なことなのだ。

消費税は、この強力な国家権力によって推し進められてきたものなのだ。

財務省を支配する「キャリア官僚」とは？

この強大な国家権力を持っている財務省は、実はほんの一握りのエリートによって支配されている。

そのエリートとは、「キャリア官僚」である。

ニュースなどでも、ときどき耳にすると思われるこの「キャリア官僚」というものについて、少し説明したい。

日本の中央官庁に入るには、大まかに言って三種類のルートがある。高卒程度の学力試験で入るルート、短大卒程度の学力試験で入るルート、大卒程度の学力試験で入るルートである。

この中で「大卒ルート」で入るのが、キャリア官僚である。この試験は非常に狭き門であり、大卒程度の学力試験とは言うものの、競争率が高いので超一流大卒程度の学力を必要とする。

だから東大出身者の割合が異常に高いのだ。

そしてキャリア官僚というのは、国家公務員全体で1%ちょっとしかいない。

キャリア官僚は、本省勤務、海外留学、地方勤務、他省庁への出向などを経て、ほぼ全員が本省課長クラスまでは横並びで出世する。その後、出世レースで勝ったものが、各省庁の事務方トップである「事務次官」になったり、前述した重要ポストに就いていく。

キャリア官僚以外の官僚たちが、財務省の重要ポストに就くことはない。ノンキャリアの職員は、定年まで勤めても課長にさえなれないのがほとんどなので、キャリア官僚の特別さがわかるだろう。

キャリア官僚とノンキャリア官僚の違いは、東海道新幹線の「のぞみ」と在来線の鈍行列車にたとえられる。在来線の鈍行列車は、一日走っても、「のぞみ」の一駅分にも到達しない。それほどの差があるということだ。

つまり、キャリア官僚というのは、20歳そこそこのときに受けた試験の成績がよかったというだけで、強大な国家権力を自動的に与えられる。彼らは選挙で選ばれたわけでもなく、何か業績があったわけでもない。そういう狭い狭い世界の人たちが日本全体を支配する権限を与えられているということだ。

そして大蔵省のキャリア官僚というのは、入省して数年の間に、海外留学するという仕組みがある。キャリア試験に合格して入省した者は、すべてである。この仕組みは、現在の財務省にも引き継がれている。

このキャリア官僚というシステムは、日本の官僚制度の最大の癌である。難関の試験に突破したというだけで、将来、大蔵省（現財務省）の幹部になることが約束され、若手のころからまるで中世の貴族子弟のような「帝王学」を授けられるのだ。「自分は偉い」と勘違いするし、社会の本質が見えなくなる。

彼らが日本の中枢に居座り続けていることが、現在の「衰退日本」の最大の理由なのである。

消費税はキャリア官僚の思いつきでつくられた

消費税の原型（売上税）を最初に企画したのは、元大蔵省官僚の内海孚《うつみまこと》氏だとされている。

この内海氏は、前項でご説明した大蔵省の「キャリア官僚」だった。

内海孚氏は、日本が高度成長期に入ろうとする昭和32（1957）年に旧大蔵省に入省し、最高ポストである財務官にまで上り詰めた人物である。大蔵省退職後は、さまざまな企業や団体に天下りし、現在も存命である。

読売新聞記者だった岸宣仁《のぶひと》氏の著書『税の攻防』（文藝春秋、1998）によると、内海孚氏は、大蔵省の若手官僚だった昭和37（1962）年にフランスに官費留学した際に、フランスでは不思議な税があることを知ったという。当時のフランスでは、大型間接税であるＶＡＴ（Value Added Tax　付加価値税）が導入されたばかりだった。

若手大蔵官僚だった内海孚氏は、フランス留学中に買い物をしたときに、フランスではＶＡＴという税が課せられていることに気づいた。買い物をするたびに一定の税金が引かれているのだ。

レシートにも税金の金額は記されていないので、一般のフランス人は、税の負担をほとんど感じていないようだった。

これを見て「こんないい税金はない！　日本にも導入しよう」と思いついたそうである。

フランスのＶＡＴは当時、世界最先端の税制だとも言われており、その後、ヨーロッパ中の国々がこの税制を導入することになった。内海孚氏は、「最先端の税制を日本に取り入れよう」と、大蔵省に吹き込んだ。

内海孚氏はキャリア官僚なので、自動的に大蔵省の幹部に出世する。そのため、この若手官僚の思いつきは、そのまま国の税制に反映されたというわけである。

この内海孚氏のエピソードは、大蔵省キャリア官僚のレベルの低さを象徴しているものであり、突っ込みどころが満載なのである。

ヨーロッパの国情を無視し、税制だけを見習うという愚かさ

内海孚氏は、フランスのVATを新しい税金だということで、日本に持ち込もうとしたが、そもそもVATというのは、「新しい税金」ではない。

VATというのは、ざっくり言えば、あらゆる商品やサービスに課せられる「大型間接税」である。間接税というのは、古代からある税金である。古代ギリシャ、古代ローマでも間接税は課せられている。

またあらゆる商品に課せられる大型間接税というのも、大航海時代のスペインや、イスラム諸国などで課せられており、新しいものでもない。そして大型間接税は、国民の生活にも大きな打撃を与えるものだった。

たとえば大航海時代のスペインは、世界中に植民地を持つ大帝国だったが、アルカバラと呼ばれる大型間接税を税収の柱に置いてから急速に経済が衰退した。領内のオランダ、ポルトガルが独立したり、イギリスやフランスに追い落とされるなどで、大帝国の栄光はアルカバラとともに終焉したのである。

ＶＡＴを導入したフランスも、間接税の欠陥は熟知していた。そもそもフランスという国は、税金の重さが契機となって民衆が蜂起し、革命が起きたという歴史を持っている。だから税金に関しては、非常にセンシティブな国なのだ。

ＶＡＴにも、非常に配慮の行き届いた仕組みがあった。

ＶＡＴは、あらゆる商品、サービスに包括的に課せられる税金でありながら、生活必需品などの税率は非常に低く、贅沢品には非常に高く設定され、間接税の欠点である「逆進性」が取り除かれていた。そういうきめ細かい設定が、ＶＡＴの新しい部分であり、もっとも重要な部分だったのだ。

ところが、大蔵キャリア官僚の内海氏は、ＶＡＴの重要な部分は見ずに「あらゆる品目に包括的に課税している」という点だけを抜き取って日本に持ってきたのだ。この内海氏の「雑な分析」が、そのまま「消費税の世界一の雑さ」につながるのだ。

日本の「福祉」は先進国とは程遠い

また大蔵キャリア官僚の内海孚氏は、ヨーロッパの間接税に関してもうひとつ重要なことを見落としていた。

それは「福祉」である。

ヨーロッパ諸国と日本では、国の内情がまったく違う。ひと言で言えば、福祉が段違いなのだ。

内海孚氏は、フランスに留学していながら、そのことにはまったく気づいていないのだ。ヨーロッパ諸国というのは、福祉制度が発達していて国民の権利意識も強い。そしてその財源のために、国民総意のもとにVATが導入されたのである。

日本も、福祉財源として消費税が導入されたが、実際は福祉にはほとんど使われていない（詳細は後述）。

日本人は皆、日本の社会保障は先進国並みと思っている。しかし、これは大きな勘違いなのだ。驚くべきことかもしれないが、日本は先進国と比べれば、生活保護の支出も受給率も非常に低いのである。

次ページの表は、ヨーロッパ主要国で貧困者のうち生活保護を受けている人の割合を示したものである。

ヨーロッパ諸国の多くが、100％近い保護をしているのに対し、日本は20％台と明らかに低い。フランスは100％を超えているが、これは貧困者と分類されていない人々にも、公的扶助が及んでいるということである。

イギリス、フランス、ドイツなどのヨーロッパ先進国では、要保護世帯のほとんどが生活保護を受けているのに、日本においては、本来は生活保護を受けるべき状況なのに受けていない人が、生活保護受給者の4倍もいるというのである。

このデータは現代のものであり、内海氏がフランスに留学していた当時は、日本の福祉はもっとお粗末だったはずだ。

生活保護というと、昨今では不正受給の問題ばかりが取り上げられる。しかし、これは非常に偏向的な報道だと言わざるを得ない。

不正受給者というのは、せいぜい二万〜三万人である。一方、生活保護のもらい漏れは、一千万人近くいると推定されている。どちらが大きな問題なのか、というのは火を見るより明らかだ。

日本では、生活保護の必要がある人でも、なか

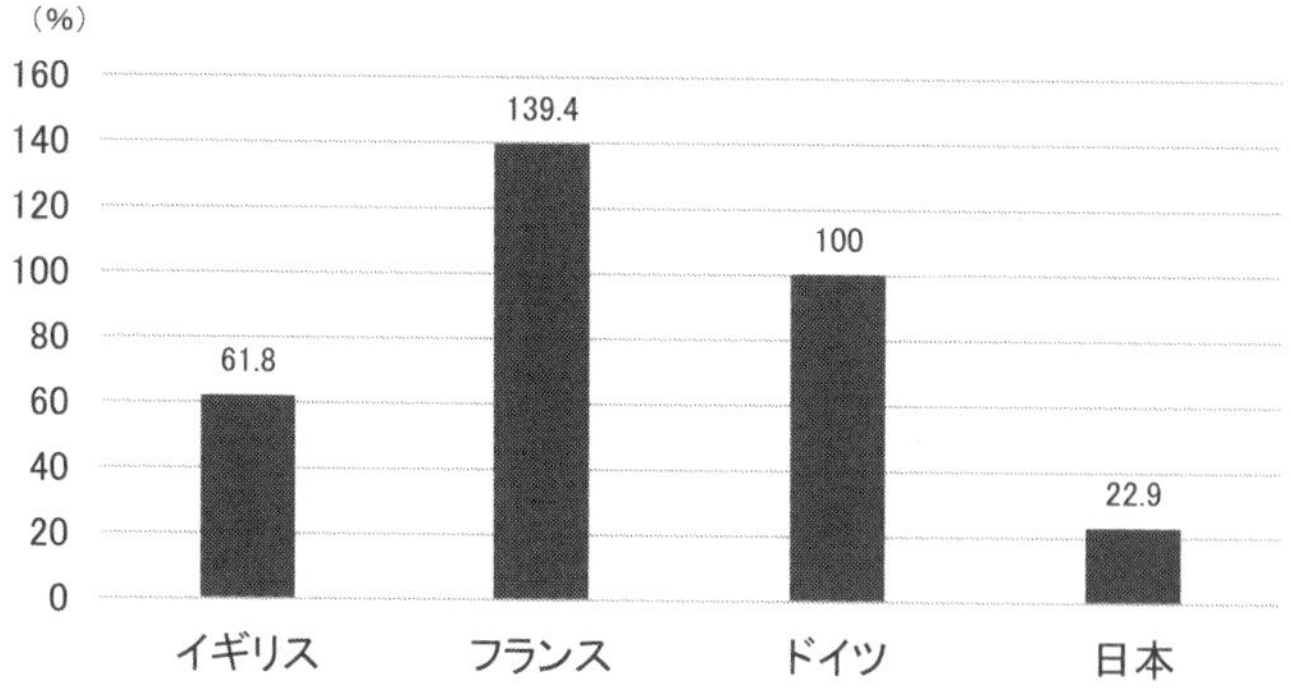

ヨーロッパ主要国で貧困者のうち生活保護を受けている人の割合
出典：生活保護問題対策全国会議編『「生活保護法」から「生活保障法」へ』明石書店（2018）

なか生活保護を受けることができない。「日本は生活保護が非常に受けにくい国」ということなのである。

ヨーロッパ諸国は、国民の権利はきちんと守るのである（少なくとも日本よりは）。生活保護の申請を、市役所の窓口でせき止めるなどということは、絶対にあり得ないのである。もしそんなことをすれば、国民から猛反発を受けるのだ。

たとえば、イギリスでは生活保護を含めた低所得者の支援額はＧＤＰの４％程度にも達する。フランス、ドイツも２％程度ある。

ところが、日本では０・４％程度なのだ。

欧米の先進国では、片親の家庭が、現金給付、食費補助、住宅給付、健康保険給付、給食給付などを受けられる制度が普通にある。また失業者のいる家庭には、失業扶助制度というものがあり、失業保険が切れた人や、失業保険に加入していなかった人の生活費が補助される。

ヨーロッパ諸国はこのように手厚い社会福祉を施した上での「大型間接税」なのである。日本では失業保険は最大でも１年間程度しかもらえず、後は非常にハードルの高い「生活保護」しか社会保障はない。だから、日本では他の先進国に比べて経済的理由による自殺が非常に多いのだ。

大蔵キャリア官僚の内海孚氏は、このようなヨーロッパと日本の国情の違いをまったく無視し、ただただ「大型間接税」の表面的な仕組みだけを導入しようとしたのだ。

大蔵官僚が消費税を導入したかった本当の理由

そもそも内海孚氏が消費税の原型を思いついたとき、日本は税制を大きく変革する必要など、まったくなかった。

内海氏がフランスに留学していた1960年代というのは、高度経済成長期であり、日本経済が爆発的に成長していた時期である。必然的に、税収もうなぎ登りに増加していた。今では考えられないことだが、当時は予算をはるかに超える税収が入ってくるので、毎年のように減税が行われていたのだ。

また、この当時は、「少子高齢化」への危惧もまったくなかった。

1960年代はベビーブーム真っ盛りの時期である。小中学校は増設されまくっており、多くのクラスで四〇人を超える生徒があふれており、全校生徒一〇〇〇人を超える学校ばかりだった。

むしろこの当時は、戦後の食糧難を経験したばかりの時期だったので、「人口増」の方を警戒していたくらいなのだ。だから現代のように、「これから激増する将来の社会保障費に備える」という必要もなかった。

当時の税制において、十分以上の税収が得られるのであり、経済もその税制で大発展しているのだから、わざわざ税制を大変革する必要などなかったのだ。

なのに、なぜ内海氏や旧大蔵省は、新しい間接税を導入しようと思ったのか？

そこには、財務省（旧大蔵省）キャリア官僚たちの巨大な利権が関係しているのだ。

1960年代の高度成長期は、国全体が好景気に沸き、豊かになっていた時代だが、ある特定の人たちは、この当時の税制に不満を持っていた。

その特定の人たちというのは、「大企業の経営者」「高額所得者」である。戦後からバブル崩壊までの日本は、法人税や高額所得者の税金が高く設定されていたからだ。

実は財務省と大企業は、根の部分でつながっている。

ただ財務省といっても、財務省の職員すべてのことではない。財務省の「キャリア官僚」のみの話である。

財務省のキャリア官僚のほとんどは、退職後、日本の超一流企業に天下りしている。

三井、三菱などの旧財閥系企業グループをはじめ、トヨタ、ＪＴ（日本たばこ産業）、各種の銀行、金融機関等々の役員におさまるのだ。

財務省キャリアで、事務次官、国税庁長官経験者らは生涯で8億～10億円を稼げるとも言われている。しかも、彼らは数社から「非常勤役員」の椅子を用意されるので、ほとんど仕事もせずに濡れ手に粟で大金を手にすることができるのだ。

消費税の原型を発案した内海氏も、この天下りの恩恵を十二分に受けている。

彼らのほとんどは官僚としての報酬よりも、退職後に天下りして受け取る報酬の方がはるかに大きい。つまり、彼らの本質は「国家公務員」ではなく、「大企業の非常勤役員予備軍」なのだ。

彼らにとって国家公務員というのは、天下り先を得るための準備期間に過ぎない。

財務省キャリア官僚は、財政と徴税という二大国家権力を持ちながら、その本質は大企業の傭兵なのだ。国としてこんな危険な状態はないと言える。

だから、彼らは国民生活がどうなろうと、日本の将来がどうなろうと関係なく、自分たちの主人である大企業に有利な政策ばかりを講じてきたのだ。

日本に消費税を導入しようというアイディアも、「日本を良くするため」というより、大企業の経営者たちの意向を汲んだのである。

戦前の日本は〝消費税大国〟だった

戦後の日本で、企業や高額所得者の直接税が高く設定されていたのは、戦前の反省からである。

実は戦前の日本は、間接税大国だったのである。

戦前の日本は、酒税や砂糖税、専売収入（たばこ）が税収の大きな柱であり、主要税目は間接税だった。

戦争が激化する前の昭和10年には、国税における直接税の割合は45％しかなく、55％は間接税や専売収入で占められていた。戦争が激化した昭和10年代の後半は、法人や個人の所得税が大幅に引き上げられたが、それまでは国の歳入の大半を間接税で賄っていたのだ。

大正時代、秋田の大曲税務署が出した密造酒に関する警告書には次のように記されている。

「わが国では20個師団の兵を備え置くには1年に8000万円を要し、60万トンの海軍を保つには1年で5000万円を要すから、結局酒税1億円と砂糖税3200万円だけあれば、陸海軍を備え置いてあまりあるわけである」

つまり大正時代当時の酒税は1億円あり、これだけで、陸軍、海軍の年間費用がほぼ賄えたというわけである。戦前の日本の軍備は、世界的に見ても相当なものだったが、それを賄えるほどの税収を酒税などの間接税で稼いでいたのだ。

日清日露など幾多の大戦争を行っていた日本が、税収の大半を間接税で賄っていたのだ。必然的に、企業や個人の所得に対する税金は低く抑えられていた。

そのため戦前の日本は、現代以上の格差社会だった。

農村では不作になるたび、娘を売りに出す農家が続出していたし、都市部では貧民街がいくつも形成され、残飯を日常的な食事とする人々も少なくなかった。

その一方で、「財閥」という今では考えられないような大金持ちも存在した。

終戦時、三井、三菱、住友、安田の４大財閥だけで、全国の企業の資本金総額の49・7％を占めていた。日本経済の資本の半分をたった四つの財閥が持っていたのだ。

しかも、資産額ではそれよりももっと高い比率を占めていたとされる。日本経済の過半は、数家族の財閥に握られていたのだ。

昭和2年度の長者番付では、１位から8位までを三菱、三井の一族が占めていた。岩崎久彌などは４３０万円もの年収があったのだ。大学出の初任給が50円前後、労働者の日給が１～2円のころである。普通の人の１万倍近い収入を得ていたことになる。

現在のサラリーマンの平均年収が５００万円前後なので、その１万倍というと５００億円になる。２００４年度の長者番付1位が30億円程度の年収なので、その10倍以上である。戦前の財閥がいかに金持ちだったか、ということだ。

さらに戦前の財閥の場合、一族皆が高収入なのである。財閥の中枢を一族が占め、それぞれが高い収入を得ている。

財閥がどれほどの財力を持っていたのか、わかりやすいのが「旧財閥邸」である。現在、東京には旧財閥家の邸宅が、博物館や記念館などになっているケースが多々ある。たとえば、上野恩賜公園の隣りにある都立庭園の「旧岩崎邸庭園」や、東京都北区にある都立庭園の「旧古河庭園」などだ。

上野の「旧岩崎邸庭園」は、東京の一等地に1万６０００平方メートルにも及ぶ広さを持つ大邸宅である。外国人が設計した西洋風建築物でビリヤード場まである。訪れたことがある人は、その広さに驚かれたはずだ。

しかもこの大邸宅は、岩崎家が所有していた財産のほんの一部に過ぎない。岩崎家の財産の大半は不動産ではなく株券だったのだ。岩崎家の財力がいかに大きかったかということである。

戦前日本の格差社会の原因は「間接税」

この戦前の貧富の格差は、税金制度の不備から生じたものでもあった。

前述したように税収の大半は間接税で賄っていたので、企業や高額所得者の税金は著しく低かった。

法人税の税率はわずか10％だった。しかも、会社が法人税を払えば、その役員や従業員には、長い間、税金が課せられていなかった。会社が税金を払っているので、社員はもう税金を払わなくていい、という思想だったのだ。

また、個人が所得税を課せられても、その税率は低いものだった。所得税は一律8％だったので、高額所得者の収入はそのまま私財となって蓄積していく。そのため戦前の財閥は、雪だるま式に巨大化していったのである。

日中戦争が始まってからは、会社も個人も増税されたが、それ以前の日本は、現代のタックスヘイブンのような状態だったのだ。

そのため貧しい人たちは、不満のはけ口として戦争を求めるようになった。貧しい人たちにとって、日本軍は貴重な就職先であり、戦争が始まれば戦地手当なども増える。だから、国民をあげて戦争を歓迎していたのだ。

その反省から終戦後は、企業には高率の税金を課し、個人の税金にも高い累進制を敷いて高額所得者に多額の税を課したのだ。

「消費税の導入」は、この「戦前の反省」を無下にしてしまうものだったのだ。

日本には物品税という優れた間接税があった

このように大蔵官僚は、「戦前の反省」を投げ捨てて大型間接税の導入に躍起になっていたのだが、実は、日本にはすでに間接税が存在していた。

それもかなり優れものだったのである。

その間接税というのは、「物品税」である。

物品税というのは、簡単にいえば宝石、ブランド品、自動車などに課せられる〝贅沢税〟だった。この物品税は、戦後すぐに導入されていたもので（原型は戦前にもあった）、国民生活に根付いていた。物品税を払っているからといって、国民生活に負担があるものではなかった。物品税があった当時、国民の消費はおおむね上向き傾向だったのだ。

「贅沢なものに税金が課せられる」

ということは、格差社会を防ぐ上でも効果があった。贅沢品に課税されるということは、必然的に高額所得者が税を負担することになるからだ。

また物品税は、税の徴収方法もきちんと管理されており徴税効果も高かった。間接税というのは消費者が支払った税金を事業者が一旦預かり、それを集計計算して、納税することになる。

大蔵官僚が導入を進めていた消費税の場合は、該当事業者が膨大であり、集計計算も複雑であることから、徴税効率が悪くなる。

それに比べれば、物品税は該当事業者が少なく、徴収経路も単純であることから、徴税効率はほぼ１００％に近かった。つまり、消費者が贅沢品を購入するときに支払った物品税は、ほぼそのまま国庫に納められたのだ。

物品税は、現在の消費税に比べれば、格段に効率的で、公平な税金だったのだ。

消費税の導入時には、税務署員の間でも、「なぜ効率的な物品税を廃止し、非効率な消費税を導入するのか」という疑問の声が上がっていた。

この物品税の税収は、２兆円もあった。

消費税の導入時の税収は４兆円台だったので、物品税をちょっと拡充すれば消費税などつくらなくてもよかったのだ。

実際、売上税（消費税の原型）が国会に提案される前、当時の中曽根首相は、新しい間接税は導入せずに、物品税の拡充をしようという考えを持っていた。しかし、物品税の対象となっている業界団体が猛反対したために、断念してしまったのだ。

物品税をつぶした大蔵官僚の悪知恵

この物品税は、フランスが導入したVAT（付加価値税）に近いものでもあった。

大蔵官僚が進めようとしていた消費税は、あらゆる商品、サービスに一律に税が課せられる。しかし、フランスのVATは生鮮食料品や生活必需品には税率が低く抑えられ、贅沢品には高税率が課せられている。税の仕組みとしては、フランスのVATは、今の消費税よりも、物品税に近かったのだ。

しかし、大蔵官僚は、強引な理屈をもって、物品税を攻撃した。

物品税は品目ごとに税率が決められているため、部分的には不合理ともいえる事態もあった。たとえば音楽レコードには、15％の物品税が課せられていたが、童謡のレコードは非課税とされていた。が、童謡かどうか微妙なレコードもあった。クリスマスソングなどは、子供向けのものもあれば大人向けのものもあり、両者に向けたものもあったからだ。

そのため、国税局によって、課税か非課税かの判断が分かれることもあったのだ。

その点だけを取り沙汰し、「物品税は矛盾が生じるからダメな税金」というレッテルを貼り、国民にそう喧伝したのである。

税のことをあまり知らない国民は、そう言われれば矛盾があるようにも見える。

しかし本当は、あらゆる品目に同じように税金をかける消費税の方が、よほど非合理であり、矛盾が大きかったのだ。

前にも触れたが、あらゆる品目にほぼ同じ税率をかけるというような雑な税金をつくっている国は、世界中で日本くらいなのだ。

物品税で、多少の矛盾が生じていたとしても、その都度調整すればいいだけの話だったのだ。消費税の巨大な矛盾に比べれば、物品税の矛盾など、取るに足らないものだったのだ。

なのに、なぜ大蔵官僚は、「物品税の廃止」「消費税の導入」を強引に推し進めたのか？

それも、大企業に便宜を図るためだった。

物品税の対象となっていた業界にとって、商売品に税金がかけられるということは、商売の上で面白いことではない。

物品税を廃止すれば、自分たちの売上は確実に増える。だから物品税を廃止してもらいたかったのだ。その代わり、日本のあらゆる商品に税金をかけさせる「消費税」の導入を働きかけたのだ。

「物品税の廃止」と「消費税導入」を働きかけた最大の企業は、あのトヨタ自動車である。自動車も物品税の対象に含まれていたため、トヨタはかねてから「物品税の廃止」を政官界に働きかけていた。

トヨタ自動車は、日本最大の製造企業であり、財界の重鎮でもある。大蔵官僚たちも、退職後、少なからず世話になっている。大蔵官僚にとって、トヨタ自動車は大事なスポンサーでもあるのだ。

大蔵官僚が強力に推進した「物品税の廃止」「消費税の導入」は、トヨタ自動車の意向を汲んだものでもあったのだ。

第2章

財務官僚と朝日新聞の攻防

大蔵省キャリア官僚が消費税に飛びついた理由

それにしても大蔵官僚が、なぜ消費税に安易に飛びついたのか?

もちろん、官僚が愚かだったということもある。

もうひとつの大きな理由として、消費税の持つ、ある特徴がある。

消費税は政治や景気に左右されずに、安定的に税収が見込まれるということである。というのも、当時の主要税収だった所得税、法人税は安定財源としては、あまりあてにできないのだ。

なぜかというと、所得税や法人税は、国会議員が選挙のたびに、国民の機嫌を取るために減税を約束する。官僚というのは、政治家の言うことには逆らえない。官僚は、政治家をうまくコントロールしているが、政治家の言うことも、ある程度聞き入れなければ、コントロールできないのだ。

政治家にとって選挙は生死をかけた戦いであり、選挙に勝つことが最優先される。そのため、減税という武器を使わざるを得ない。官僚としても、そこにはなかなかストップがかけられないのだ。

だが、選挙のたびに減税されていては、とても安定財源としては成り立たない。しかも所得税や法人税は、景気に左右される。

大蔵官僚にとって、安定財源を確保するというのは、自分たちの権力を維持するために必要不可欠である。

なので、大蔵キャリア官僚たちは、消費税を求めるようになったのだ。

消費税は、システム上、一度つくったらあまり増減できない。選挙のたびに、政治家にいじられることもない。

また消費税は、景気にかかわらず一定の税収が見込まれる。景気が悪くても、国民は生活をするために一定の消費をするからである。

しかし、国民の消費に課税するということは、国民を苦しめるということである。景気が悪くても、消費をするたびに一定の税金を払わなくてはならないからだ。

消費税の原型「売上税」とは？

大蔵省は、何が何でも消費税を導入したかった。そのため大蔵省は、強力に首相や閣僚に働きかけた。

「日本は間接税の比率が低いから新しい間接税をつくるべき」

「ヨーロッパ諸国はVATという新しい間接税を導入している」

等々を政治家に吹き込んだ。

が、大蔵省の意に反し、消費税はなかなか導入できなかった。というのも、政治家が、ウンと言わなかったからだ。

われわれ国民から見れば、政治家はいつも増税ばかりしているようなイメージがあるが、本来、政治家というのは、新しく税金をつくったり、増税したりすることを非常に嫌がるものである。

なぜなら、増税すると必ず支持率が下がるからだ。どんなにうまくやっても、増税したり、新税をつくったりすると、国民のイメージが悪くなる。

そのため、なかなか消費税の導入はできなかったのだ。

だが、大蔵省の執拗なプッシュがあり、昭和54（1979）年になってようやく消費税の原型ともいえる「一般消費税」の導入が閣議決定した。

しかし、この時期、官官接待などの問題が生じている時期だった。官官接待というのは、地方の役所などが、中央省庁の役人に対して接待を行うというものである。中央省庁、特に大蔵省は予算の配分権を握っているので、予算の配分が欲しい他省庁や地方の役所は、中央省庁の役人を打ち合わせなどの名目で招待し、接待していたのである。地方都市の繁華街の中には、この官官接待によって潤っているところもあったくらいだ。

もちろん、その接待費は税金から出されている。中央省庁の役人たちは税金で、豪華な接待を受けているのだ。

この実態が報じられると、国民から強い批判の声が上がった。そして国民の「増税」への拒否感が強くなった。

「自分たちは税金を湯水のように使って贅沢をしていながら、何が新税だ」

ということである。

「一般消費税」は閣議決定直後に行われた総選挙で自民党が大敗し、とても導入できる状態にはなかった。そのため「一般消費税」の導入は一旦、立ち消えになってしまった。

それから10年近くたった1987年のことである。

当時、自民党は選挙で大勝し、国会の議席を単独で過半数以上持っていた。時の首相だった中曽根康弘氏は、ここぞとばかりに消費税の原型である「売上税」の導入を働きかけた。

中曽根康弘首相としては、特に売上税に思い入れがあるわけではないが、大蔵省がうるさく言うので導入に踏み切ったものと思われる。

また物品税の対象業界からも、しつこく「物品税の廃止」を働きかけられていた。前述したように、中曽根首相は、当初は売上税導入ではなく、「物品税の拡充」を働きかけていたが、業界の反対で断念したのだ。

そのため中曽根首相は、支持率が多少下がることを覚悟して、売上税導入に踏み切ったのだ。

国会の議席は自民党が過半数を持っていたので、普通にやっていれば売上税法案は通るはずだった。

しかし、これに待ったをかけたのが、朝日新聞だったのである。

「売上税」を廃案に追い込んだ朝日新聞

当時、テレビ朝日系列では、「ニュースステーション」という新しい報道番組が非常に人気を博していた。

1985年に始まったこのニュース番組は、「ザ・ベストテン」で人気となったアナウンサーの久米宏氏をキャスターに起用し、久米宏氏の歯に衣着せぬモノ言いと、難しいニュースをわかりやすく解説する番組内容で、多くの視聴者の心をつかんだのだ。

ニュースステーションは、

「ニュースをテレビジョーにした」

「ニュース番組を変えた」

とも言われ、１９８５年から２００４年までの約20年間の平均視聴率が14％を超えるという、超お化け番組でもあった。現在のテレビ朝日のニュース番組「報道ステーション」は、このニュースステーションの後継番組である。

朝日新聞は、この「ニュースステーション」とともに、売上税の大反対キャンペーンを繰り広げたのだ。

中曽根康弘首相は、前年に行われた衆議院、参議院の同日選挙において、大型間接税導入の噂を真っ向から否定し、

「この顔が嘘をつく顔に見えますか？」

「大型間接税は導入しない」

と明言していた。

にもかかわらず、選挙で大勝するとすぐに、「ほぼ大型間接税」である「売上税の導入」を推し進めようとしたため、「大ウソつきだ」として、朝日新聞は徹底的に批判をし

たのだ。これがニュースステーションの人気とあいまって、社会的なうねりとなり、中曽根内閣の支持率が急落した。

中曽根首相もこれを見て、強引に売上税を導入することを躊躇し、結局、売上税は廃案となり、中曽根首相は退陣した。

ちなみに、このニュースステーションは、ニュースをわかりやすく解説した反面、勇み足的な報道も多かった。

ダイオキシンの害を伝えたいばかりに、埼玉県所沢産の野菜に含まれるダイオキシンの量を過大に報じて、社会問題になったこともあった。ニュースステーションは、所沢の野菜のダイオキシンの量として、煎茶に含まれたダイオキシンの量を報じたのだ。

煎茶の場合は、乾燥させているため、ほかの野菜よりも重量が軽くなり、必然的にダイオキシンの量が多く計測されるのだ。が、お湯を注いで茶にするときには、健康被害はない程度に薄められる。そして、ほかの野菜にも、健康被害が及ぶようなダイオキシンの量は検出されていなかったのだ。

またニュースステーションは、かの竹中平蔵氏を、「新進気鋭の経済学者」として積極的に紹介したり、出演させたりした。

竹中平蔵氏は、ニュースステーション出演などで人気を博し、小泉内閣の時代には、総務大臣などの要職を歴任した。が、竹中平蔵氏は、かねてから「日本人の給料は高すぎる」という主張をするなど、雇用を軽視する経済思想を持っていた。日本人の給料は平成時代の30年間下がり続け、それが失われた30年間の要因となったのだが、これは竹中平蔵氏の経済政策の影響が大きい。

ニュースステーションは、大衆の人気を得るための粗い取材も多くみられ、功罪両面のある番組でもあった。

零点の政治家・竹下首相が消費税を導入

「売上税」の導入に失敗し退陣した中曽根氏の後を継いだのは、竹下登氏だった。

竹下氏は、国を良くしたいという熱意はあるが、具体的にどうすればいいかという政策についてはまったく疎い、典型的な「日本の政治家」だった。

竹下首相の代表的な政策に「ふるさと創生事業」と呼ばれるものがある。

彼は、首相に就任するや否や、地方衰退を止めるための「ふるさと創生事業」と称して、全国の市区町村に一律1億円ずつ支給するという、バラマキ政策の極致のような政策を行った。

市区町村の中には、1億円の使い道に悩み、1億円分の金塊を購入し役所に展示するというバカなことをしたところもあった。もちろんこんなことでふるさとが活性化するようなことはなく、その後も地方の衰退は加速するばかりだった。

良い政策とは、「最小限度の支出でもっとも必要な場所に税金を的確に投入する」というものである。だから、市区町村の規模や、必要性などまったく考慮することなく、何の目的もなく、ただ一律に1億円を支給するという「ふるさと創生事業」は、悪い政策の見本のようなものであり、税金無駄遣いの極致である。

この「政策ゼロ点」の政治家である竹下首相によって、導入されたのが今の「消費税」なのである。

竹下首相は中曽根氏が断念した売上税とほとんど同じ性質の税金を、「消費税」という名前に変えて導入しようとした。この消費税導入に関しても竹下首相に特に見識があったわけではなく、大蔵官僚に「これからは大型間接税が必要になる」と吹き込まれただけだった。

当時、衆議院では、まだ自民党が単独過半数を持っていた。

売上税騒動の前に大勝した選挙以来、衆議院選挙は行われていなかったからだ。一方、参議院では売上税騒動の影響で、自民党は大きく議席を減らし、単独過半数を割っていた。消費税法案を通すには、状況的にぜひとも参議院を通過させる必要があった。

竹下首相は政策には疎いが根回しは得意であり、根回しで首相になったような政治家だった。

その根回し力を十二分に発揮し、売上税に反対していた野党のうち、公明党、民社党などを切り崩すことに成功した。これによって、「消費税法案」は参議院を通過させることができ、１９８９年４月１日からの消費税導入が決定した。

消費税反対運動が吹き荒れる

消費税導入が決まると、世間では猛烈な「消費税反対運動」が吹き荒れた。

その中心にいたのは、社会党であり、朝日新聞、ニュースステーションだった。

たとえば、朝日新聞１９８８年10月６日の「なぜ消費税に反対が多いのか」と題した社説では次のように述べられている。

「消費税を実施した場合の試算が各方面から出されているが、一致しているのは、今度の税制改革では所得の高い人ほど得をするという点だ。所得税の累進度を下げ、消費税を導入するのだから当然である」

つまり、消費税が金持ち優遇税であることを明確に批判しているのだ。

この当時、朝日新聞やニューステーションは、消費税の最大の欠陥である逆進性を繰り返し批判していた。前にも述べたように、消費税は所得が低く、収入のほとんどを消費に充てなければならない貧困層ほど、「収入に対する税負担」が大きくなる逆進税である。

この間接税の「逆進性」という欠点に対し、自民党はほとんど手を打っていなかった。消費税が導入された当初は、すべての品目やサービスに一律3％が課税されていたのだ（一部の福祉商品などは非課税）。

大型間接税を導入しているヨーロッパ諸国などは、税率は高いけれど、食料品や生活必需品は、ゼロに近い税率を設定するなどの適切な配慮があった。

ダイヤモンドにも米にも同じ税率をかけるような乱暴な税金は、世界中どこにもなかったのだ。

この逆進性をカバーするという名目で、自民党は一時的に所得税の減税などを行った。が、当時の試算では、収入の高い順に国民の6割までは減税となり、収入の低い4割の国民は増税になるということだった。つまりは、収入の低い人ほど税金が高くなるという逆進性は、まったく解決していなかったのだ。

しかも、一時的な減税が終了し、消費税の税率が上げられれば、国民の大半が増税になり、一部の富裕層だけが減税になる。消費税の仕組み上、そうなっているのだ。

消費税導入当時の日本は、一億総中流と言われ、「格差のない社会」「みんながそこそこ豊かに暮らせる社会」を実現していた。しかし、消費税導入とともに格差社会となり、国民のほとんどが、子供二人を育てることさえ大変という、貧しい社会になってしまったのだ。

そして、前述のように、消費税のことはすべて大蔵省のキャリア官僚たちが制度設計したのである。政治家は、大蔵省の言う通りのことをしただけなのだ。

なぜ日本ではまっとうな間接税がつくれないのか？

それにしても、なぜ日本では諸外国のような丁寧な間接税がつくれないのだろうか？

その原因に、日本の政治、行政の貧困さがにじみ出ている。

消費税導入の際、日本でも、生活必需品などを非課税にする案があった。

しかし、非課税品目をつくると、いろんな業界が自分の商品を非課税にしろと運動をしてくるのだ。

日本の各業界には、「族議員」と呼ばれる、その業界の利益を代弁する政治家がいる。そういう政治家が暗躍し、

「うちの業界は非課税にしてくれ」

「うちの業界の税率は下げてくれ」

と言っているのだ。

それをいちいち受けていると、課税品目がどんどん減ってしまうということになる。大蔵キャリア官僚たちは、それは避けたかった。そのため、いろんなところから文句が出ないようにほぼ全品目を課税対象にし、税率も一律にしてしまったわけだ。

「みんな一緒なら文句はないだろう」

ということなのである。

この一律税方式はあまりにも批判が大きかったので、現在は食料品などの一部の品目にのみ、わずか2％だけ軽減税率が設定された。

他の先進諸国でも、間接税の非課税品目や税率の多寡を決める際は、揉めたはずである。しかしそれをやらないと、ゆくゆくは国民経済に悪い影響が出る。難しいけれども、それをやるのが政治であり、行政のはずだ。

世界中のほとんどの国は、それができている。日本だけが、それができなかったのだ。

日本が衰退するのも当然なのだ。

電通を使った「消費税はいい税金」の大キャンペーン

消費税導入は世間の猛批判を浴びたため、大蔵省は、売上税の失敗は繰り返すまいと、強力な対抗策を打った。

それは、消費税の逆進性を改善するなどの「善政」ではない。大々的な広報活動を行い、国民を洗脳してしまおうという手法を採ったのだ。

大蔵省は莫大な費用をかけて、電通を使って大々的なキャンペーンを行ったのだ。大蔵省幹部が電通と綿密な打ち合わせを行い、「消費税のいい部分」を徹底的に喧伝したのである。

このとき、大蔵省はパンフレットを3500万枚もつくった。国民の三人に一人が手にすることができるという膨大な量だった。電通としては、大蔵省はめったにない大型クライアントとなった。

電通は、テレビやラジオなどメディアにも強い影響力を持つ。大蔵省の意を汲んだ御用学者が大挙して、テレビやラジオで積極的に「消費税はいい税金だ」と喧伝するようになった。

「少子高齢化社会のためには財源が必要」

「日本は所得税、法人税が高いので上げるなら消費税しかない」

「日本の消費税はヨーロッパ諸国よりかなり安い」

という、お決まりの「消費税推奨コピー」は、このとき国民の間に刷り込まれたのである。もちろん、「日本の消費税は米にもダイヤモンドにも同じ税率が掛けられ、こんな粗い税金は世界のどこにもないこと」などのネガティブ情報は一切伏せられた。

その結果、世間でも「消費税は良い税金だ」という認識が徐々に持たれるようになってしまった。

消費税を定着させた社会党

前述したように、消費税の大反対世論の中心にいたのは、朝日新聞、ニュースステーション、そして日本社会党（1996年以降は社会民主党）だった。

しかし、皮肉なことに社会党によって、消費税は日本社会に定着させられてしまうことになる。

社会党は消費税の導入前は、消費税に徹底反対の姿勢をとっていた。消費税の前に、計画されていた売上税は、社会党の反対とそれを後押しする世論によってつぶされたほどだ。その当時は、土井たか子党首の「ダメなものはダメ」という言葉が流行語になるほどで、社会党は一大ブームを巻き起こした。

この社会党ブームは政局に大きな影響を与え、１９９３年に自民党が戦後初めて政権を譲り渡す事態の一因にもなった。

しかし政権を失った自民党が苦肉の策で、１９９４年に社会党に首相の座を与える約束をして連立。その結果、社会党は凋落することになった。

社会党は政権を担わされて、首相のポストを与えられた途端、消費税を廃止するどころか、こともあろうに税率の引き上げにゴーサインを出してしまったのである。

おそらく財政赤字の額や、今後の高齢化社会への暗い見通しなどを、大蔵官僚からさんざん聞かされ、「消費税の税率を上げる以外に財源がない」とうまく言いくるめられて、火中の栗を拾ってしまったのだろう。

それ以来、社会党は「消費税に反対」などとは口が裂けても言えない立場になってしまった。

社会党のこの無節操さには驚かされる。

「一体、社会党が消費税に反対していた根拠はなんだったのか」

ということである。税金について、まったく研究分析をしないで、ただ国民が喜ぶから反対、反対と言っていたのだろう。

また社会党にはもうひとつ、非常に重大な失策がある。

配偶者特別控除の廃止である。配偶者特別控除という名称は今も残っているが、現在の配偶者特別控除は、旧来のものとは違うものである。

旧来の配偶者特別控除というのは、妻（または夫）の収入がほとんどない場合、税金を減額しましょう、という制度で、最低でも5万円分の減税となっていた。

これは消費税の導入時につくられたもので、低所得者救済のためのものだったのだ。

何度か触れたが、消費税というのは、貧乏人ほど大きな影響を受ける税金なのだ。その点を、政治家や役人もまったく無視していたわけではなく、配偶者特別控除という税金の割引制度をつくっていたわけだ。

この配偶者特別控除が廃止されるということは、低所得者を見捨てたことでもある。

しかし、この配偶者特別控除の廃止を強力に推進したのは、社会党のテレビなどでも有名な女性問題運動家のT教授である。

T教授によると、配偶者特別控除があるから、女性の自立心が育まれないそうだ。だから配偶者特別控除を廃止して、女性はもっと社会に出るようにしなければならない、ということだった。

社会党からこういう声が上がれば、与党の自民党（当時）としては願ったりかなったりである。

与党は少しでも税収を上げたいので、配偶者特別控除の廃止は、あっと言う間に決まってしまったのだ。

T教授は、配偶者特別控除を受けている家族が、どういう類の人たちだったのか、ご存知なかったらしい。

配偶者特別控除を受けている女性たちというのは、その特権を甘受して家庭に安穏としていたわけではない。社会に出ようにも出て行けない人たちなのである。

配偶者特別控除を受けていた女性というのは、キャリアもなく、手に職もなく、また働きたくても子供に手がかかったりして働けない。せいぜい近所のスーパーなどでパートをする程度。夫の給料だけで、なんとかやっていかなければならない、そういう人が多かったのだ。

その現状を確かめようともせず、ただ理念だけで配偶者特別控除を廃止してしまったT

教授、社会党はあまりに世間知らずと言わざるを得ない。

もちろん、社会党のこの失策は世間の批判と嘲笑を浴びた。社会党は、急速に国民の支持を失い、現在は社会民主党に改名し、国会議席はわずか3である。

「ノーパンしゃぶしゃぶ事件」で大蔵省解体

電通を使った大キャンペーンや、社会党の自爆により、消費税を根付かせることに成功した大蔵省だが、その直後の1998年、衝撃的な事件が発覚し、世間を騒がせることになる。

いわゆる「ノーパンしゃぶしゃぶ事件」である。

このノーパンしゃぶしゃぶ事件とは、大蔵省の中にある「証券取引等監視委員会」の職員などが、銀行の担当者から過剰な接待を受けていたものだ。

大蔵省職員は、銀行に検査日を教えるなど内部情報の流出行為までしており、収賄罪で現役の大蔵官僚四人が逮捕されるに至った。

これは第一勧業銀行が総会屋に多額の利益供与をした事件において、大蔵省の検査が甘かったことから、東京地検特捜部が大蔵省の捜査をしたことで発覚したのだった。

この「ノーパンしゃぶしゃぶ事件」は、接待の場所として当時流行していた「ノーパンしゃぶしゃぶ」が利用されたことから「ノーパンしゃぶしゃぶ事件」と呼ばれるようになったのだ。

ノーパンしゃぶしゃぶというのは、主に新宿歌舞伎町の楼蘭《ローラン》というしゃぶしゃぶ料理店で行われていたもので、女性店員が下着をつけないまま料理を運ぶという風俗店まがいのサービスだった（当時は、あくまで「飲食店」という扱いだった）。

このノーパンしゃぶしゃぶ事件は、事件の内容もさることながら、「ノーパンしゃぶしゃぶ」という舞台の特異さもあり、メディアは連日、面白おかしく報じた。その中心にいたのが、朝日新聞グループだった。朝日新聞、ニュースステーションをはじめ、週刊誌の「週刊朝日」などが、こぞってこの事件を扱った。

この事件がこれほど世間の関心を集めたのは、ニュースステーションによって、ニュース報道が「ショー化」されていたことも大きい。大蔵省と銀行の贈収賄事件という、本来なら専門性の高いニュースが、芸能界のスキャンダルのように一般の人々の話題になったのである。

当然、世間では大蔵省批判が吹き荒れることになった。

このノーパンしゃぶしゃぶ事件の少し前にも、前述の「官官接待」などが明るみに出て、大蔵省は世間から批判されていたばかりだった。

そこに追い打ちをかけるように「ノーパンしゃぶしゃぶ事件」が発覚したため、国民の間で「大蔵省はとんでもない役所だ」という意識が高まった。

そして、この「ノーパンしゃぶしゃぶ事件」が契機になって、大蔵省は解体されることになった。

大蔵省としては、「メディアにやられた」「朝日にやられた」という感情を持っていた。

そして、大蔵省は復讐を開始するのだ。

看板をすげ替えただけの大蔵省解体

2001年、世間の大蔵省批判などを鑑み、「中央省庁再編」が行われた。

この中央省庁再編は、省庁を統廃合し、各省庁の大きくなりすぎた権限を縮小させ、官庁主導だった行政を政治主導に転換するという目的があった。

そして、この中央省庁再編の最大の目玉は、「大蔵省の解体」だった。

金融庁という官庁を新たに設置し、大蔵省の重要な権限のひとつだった「金融機関の監視」をとりあげ、金融庁に引き継がせた。しかも、古代朝廷時代から使われてきた「大蔵省」という名称を廃止し、「財務省」に改めたのだ。

しかし、この中央省庁再編は、単なる看板のすげ替えに過ぎなかった。

というのも、新たに金融庁をつくり、財務省と切り離したというものの、金融庁の長官は、初代の日野正晴氏が検察庁出身だっただけで、２代目以降現在に至るまで、すべて大蔵（財務）省出身のキャリア官僚で占められているのだ。しかも初代・日野正晴氏の金融庁長官在任期間はわずか半年だったのだ。

つまりは、最初だけ切り離したフリをして、すぐに財務官僚の手に戻したのである。こんな見え透いた手に、よく政治家は騙されたものである。省庁再編の目玉だった大蔵省の「金融監督権」の切り離しは、一瞬でまったく有名無実のものとなったのだ。

本当は政治家としても、大蔵省の持つ強大な権限は削りたかったはずである。なのに、なぜまったく削ることができなかったのか？

それは、政治家が実務に疎いからである。

日本の国会議員は、予算の策定、国会運営などの実務については、大蔵官僚に任せきりなのだ。国会議員は、日頃はたいそうな理想を語ったりするが、現実の政治は大蔵官僚がいないと、まったく動かせないのである。

大蔵官僚に厳しいことをしようとすると、政治の実務に協力してくれなくなるので、政治家としては最終的には大蔵官僚の言うことを聞かざるを得なくなるのだ。

なんとも情けない話である。

だから財務省は、大蔵省の持っていた巨大な権限を、ほぼ無傷で引き継いだのである。

しかも財務省は「金融監督権」よりも、もっと巨大で凶悪な権力である「徴税権」についても、何の損傷もなく引き継ぐことができた。

そして、この「徴税権」を使って、朝日新聞らのマスコミに復讐を開始するのだ。

第3章

国家権力を駆使した財務省の反撃

財務省の最大の武器「国税庁」

財務省が、予算の策定権や、金融監督権などの巨大な権力を持っていることを前述した。だが、財務省はもうひとつ大きな権限を持っている。場合によっては、こっちの権力の方が国に与える影響は大きいかもしれない。

その権力とは「徴税権」である。

この「徴税権」を使って、財務省はマスコミに強烈な復讐を開始したのだ。

財務省は、徴税権を直接握っているわけではない。しかし、財務省の外局である「国税庁」がそれを持っている。そして国税庁は実質的に、財務省の支配下にあるのだ。

国税庁は、建前の上では「財務省とは別の機関である」ということになっている。

しかし国税庁が財務省の支配下にあることは、人事を見れば明らかである。

まず国税庁トップである国税庁長官のポスト、これは財務省のキャリア官僚の指定席なのだ。そして、国税庁長官だけではなく、次長、課税部長も財務省キャリアの指定席である。

国税庁長官、次長、課税部長の3職は、国税庁のナンバー3とされており、つまり、国税庁ナンバー3はいずれも、財務省のキャリアで占められているのだ。

他にも、強大な権力を持つ調査査察部長や、東京、大阪、名古屋など主要国税局の局長職にも、財務省のキャリアが座っている。

財務省キャリアというのは、国税庁にとってはGHQのようなものなのである。

国税庁側は、「国税庁と財務省は、独立した緊張関係にあり、決して従属の関係ではない」などと言っている。が、これは詭弁も甚だしいと言える。この人事を見れば、国税庁が財務省の言いなりになっていることは、誰が見たって明白である。

国税庁長官というのは、会社で言えば、「社長」である。

社長の言うことに逆らえる社員などはいないはずだ。普通の会社であれば、社長の次の権力者などが派閥をつくって、社長派と反社長派などが拮抗するというようなことも、稀にはある。

しかし、国税庁の場合は、社長だけではなく、トップ3が押さえられているのだ。

これだと、国税庁が財務省に刃向かうことなど、絶対にできないはずである。

また現場にいた筆者なども、財務省のキャリア官僚というのは、神のような存在であり、逆らうことなどありえない絶対的な支配者であったことを肌身で知っている。

つまり、国税庁は財務省の絶対服従の子分なのである。

先進国の場合、予算を策定する財務省と、徴税権を有する歳入庁は、明確に分離されていることがほとんどである。予算と歳入の両方を管轄すると、あまりに権力が大きくなりすぎるからである。日本は、その分離ができていない。日本の財務省は、異常に大きな権限を持っているのだ。

警察よりも強い権力を持つ国税庁

国税庁の持つ徴税権というのは、警察よりも強いとされている。

国税調査官たちには、「質問検査権」という国家権利を与えられている。質問検査権が実は、強大な力を持っているのだ。

質問検査権とは、国税調査官は国税に関するあらゆる事柄について国民に質問できる、という権利である。国民にはこれを拒絶する権利はない。

この質問検査権こそが、国税庁の最大の武器だと言える。

警察は、何か犯罪の疑いのある人にしか取り調べはできない。任意で話を聞くというようなことはあるが、それはあくまで「任意」である。その人には、拒否する権利もある。

だから、誰かを取り調べしようと思えば、逮捕したり勾留する以前に客観的な裏付けが必要となる。

また勾留期限なども法的に定められており、何の証拠もないのに、誰かを長時間拘束したりはできない。

しかし、国税調査官の持っている質問検査権の場合は、そうではない。日本人に対してならば、どんな人に対しても、国税調査官は税金に関して質問する権利を持っているのである。赤ん坊からお年寄りまでである。

国民はすべて国税調査官の質問に対して、真実の回答をしなければならない。拒否権、黙秘権は認められていないのだ。これが、「国税が最強の捜査機関」と言われる最大の理由である。

ただ国税調査官は、誰かを拘束することはできない（強制調査の場合はできるが）。しかし、誰かに対して、しつこくしつこく質問をする権利を持っている。質問できる期限などは定められていない。

質問される方には「黙秘権」はない。

警察の捜査権の場合、被疑者には、自分の都合の悪いことについては黙秘する権利が与えられている。

しかし、国税調査官の質問検査権に対して、市民（納税者）には黙秘権はないのだ。質問には必ず答えなくてはならないし、嘘をついたり、知っていることを黙っていたりすれば、ペナルティーの対象となるのだ。

また「国税に関することはすべて」というのは、かなり範囲が広い。国民の収入に関するあらゆること、国民の財産に関するあらゆることについて、国税は質問する権利を持っているのだ。

国民の経済生活のすべてと言ってもいい。

国税調査官は、事業に関するものであれば何でも見せてもらうことができるのである。

帳簿や領収書だけではなく、事業や仕事に関するあらゆる書類、データ、預貯金などの金融資産、不動産資産、自家用車などの固定資産などを調査することができるのだ。

◇質問検査権（国税通則法 第74条の2第1項）

・国税庁などの税務職員は事業に関係することを質問することができる。

・国税庁などの税務職員は事業に関係する帳簿、その他の資料の提出を求めることができる。

（著者による抜粋意訳）

誰の財産も丸裸にできる

国税庁の「税務調査権」は、納税者本人に対する質問調査の権利だけではない。その納税者の資産などを、金融機関などで自由に調査する権利も持っているのである。そして国税庁は、納税者の資産を調査するために、強力なスキルを多々持っている。国税庁（税務署）の調査官は、納税者の金融資産は金融機関に命じれば、すぐに調査をすることができるのだ。

金融機関というのは、税務署の命令には絶対服従の関係にある。

前述したように、金融機関を監督する金融庁も、事実上、財務省の支配下にある。つまり、国税庁も金融庁も、財務省の子会社に過ぎないのだ。

そして金融機関は、金融庁の厳しい監督下にある。

もし法的におかしいことをしたりすれば、即業務停止になる。つまり、金融機関は金融庁に弱いのだ。

だから、金融機関は、金融庁の言うことを非常に素直に聞く。その金融庁の兄弟である国税庁にも、当然、弱い。税務署が調査をしたいと言えば、金融機関はいつでもにこやかに応じざるを得ないのだ。

税務署は「調査依頼書」という紙切れ一枚で、自在に金融機関の中の情報を調査することができる。

つまり、銀行の中にある書類やデータは、事実上、税務署が自由に見ることができるのだ。調査依頼書も、裁判所の許可などは必要なく、税務署で独自に発行できる。しかも、これは税務署長の決裁なども必要なく、現場の調査官が事実上、自由に発行できるのだ。税務署はいつでも自由に金融機関を調査することができると言っていいのだ。

もし銀行が脱税に加担していたり、銀行自体が課税漏れなどをした場合は、国税庁から強く罰せられる。最悪の場合、その支店を閉鎖することもできるのだ。

そのため、銀行は、国税庁の言うことは何でも聞かなければならない、というような状況になっている。

銀行というのは、脱税者が脱税資産を保管する場所でもある。隠し口座などを銀行につくっておくことが多いからだ。銀行は、別に脱税に協力しているわけではなくても、脱税に使われていることがままあるのだ。

そのため、国税は、ときどき、銀行の取引を調査する。銀行は、国税の調査に対して全面的に協力しなければならない。銀行は、自分たちの身の潔白を証明するためにも、国税、税務署の調査に協力せざるを得ないのだ。

もし銀行が、調査に協力しなかったりしたら、その店舗の営業を止めさせて、強制的に調査するなどということもある。もしそうなった場合、支店長のクビは確実に飛ぶと言われている。

税務調査とは何なのか？

国税庁の持っている強大な国家権力「質問検査権」というのは、具体的に言えば、「税務調査をする権利」のことである。

税務調査とはどういうものか、ここで少しご説明したい。

税務調査とは、税務当局（税務署や地方公共団体など）が、納税者の申告が正しいかどうかをチェックする行為である。

日本の税制は原則として「申告納税制度」というものを採っている。これは、自分の税金は自分で申告して自分で納めるという制度である。

戦前は賦課課税制度というものが採られていた。これは、税務当局が各納税者の税金の額を決めて、納税者はその決められた額を支払うというものだ。

それが、戦後の民主化政策によって改められ、「申告納税制度」が採られることになったのだ。

申告納税制度は、納税者に税金を決める裁量が与えられているため、得てして税法よりも低く申告しがちである。それを防ぐために税務当局は税務調査を行うのである。

税務調査には裁判所の許可状をとって行われる強制調査と、それ以外の任意調査がある。強制調査では納税者の同意なしに、あらゆる調査が行われるが、これは脱税額がだいたい1億円以上で、なおかつ悪質な場合に限られる。この強制調査を行うのが、査察(いわゆるマルサ)である。

そして、国税庁、税務署が行う税務調査のほとんどは、任意調査である。

任意調査というのは、納税者の同意を得て行われる調査のことであり、税務当局は納税者側の都合を十分に配慮しなければならないことになっている。また任意調査なので、あらゆる事柄について、納税者の同意を得た上でないと行ってはならないことになっている。

そのため納税者の同意を得ていないのに、勝手に家捜しをしたり、納税者の持ち物を触るようなことはできない。

しかし、だからといって、納税者は任意調査を拒否することはできないのだ。

前項でも述べたように、国税庁の職員は、納税者の税金や事業に関する事柄については、すべて質問したり、関係書類を求めたりする権利を持っている。納税者の都合は配慮されるが、調査の拒否はできないのである。

つまり、「任意調査」であっても、100％任意ではないのである。

財務省は「徴税権」で社会を支配する

このように「徴税権を持つ」ということは、予算権限を持つのと同等か、それをしのぐような強力な権力である。

これまで述べてきたように、国税庁は、全国民に対し、「国税に関することはすべて調査する権利」を持っている。国民にはこれを拒否する権利はない。

このような強大な権利を、予算権を持っている財務省が握っているのである。実は、これは非常に恐ろしいことでもある。

「予算というエサをばら撒くことで、言うことを聞かせる」

ということのほかに、

「徴税検査をちらつかせて言うことを聞かせる」

ということができるのだ。

これでは国民も企業も、財務省の言うことを聞くしかなくなる、というものである。

財務省は、旧大蔵省時代から、この強大な国家権力を持っていた。その危険性は、政治家の側も認識していた。

だから1997年の橋本行革の際に、国税庁を大蔵省から切り離せという議論もあった。大蔵省が、国税庁を意のままに操ることが、大蔵省の権力強化につながっていることは明らかだったからだ。

しかし、これは大蔵省のキャリア官僚たちの強硬な反対に遭い、実現できなかった。大蔵省は、名称こそ財務省と変更させられたが、その権力の源泉である「予算立案」と「税の徴収権」を手放すことはなかったのだ。

そして、この「徴税権」によって、財務省にねじ伏せられたのが朝日新聞なのである。

取材費というブラックボックス

朝日新聞が財務省の「徴税権」にねじ伏せられたと言っても、朝日新聞側にも大きな落ち度はあった。というより、朝日新聞の「身から出た錆」とも言えるのだ。

もともとマスコミ業界というのは、税金に緩い体質があった。大蔵キャリア官僚たちは、そこを衝いたのだ。

大蔵省が（表面的に）解体された2000年ごろから、国税庁は急にマスコミに対しての税務調査を厳しくするようになった。

本来、マスコミには「取材先の秘匿」という権利がある。

取材先を公的機関などに開示しなくていいという権利である。取材先を開示すれば、情報提供者がいなくなる恐れがあり、「情報提供者の保護」というのは、近代国家では当然認められたマスコミの権利である。

この「取材先の秘匿権」があるのをいいことに、新聞社は「取材費」と称して、社員が豪遊するようなことがたびたびあった。

これまで国税庁は、マスコミの「取材先秘匿の権利」については、あまり突っ込んだ調査をしなかった。下手にここを突っ込むと「報道の自由を侵害した」として、国税が叩かれることになるからだ。

しかし2000年ごろからは、この秘匿された取材費について、突っ込んだ調査を行うようになったのだ。

国税としては、世間の批判を浴びないように取材費すべてを洗いざらい調べるのではなく、「明らかにおかしい支出」をピックアップした調査を行った。それでも、出るわ出るわという感じで、マスコミ各社の課税漏れが指摘された。

朝日新聞は、マスコミの中でも特に、税金に緩い体質を持っていた。朝日新聞は、社員の力の強い会社である。朝日新聞は社員の持ち株会が多くの自社株を持っており、朝日新聞の運営に関しても強い発言力を持っていた。

そのため社員は取材費についてもかなり潤沢に支給されており、その経費処理は明らかにルーズだった。つまりは、朝日新聞は全社的に税金にルーズな体質を持っていたのだ。

そこを財務省に衝かれたのである。

2002年に行われた税務調査では、白紙の領収書を知り合いの飲食店からもらって勝手に数字を書き込んだり、領収書の数字の1を4に書き換えるなど、ほぼ「脱税行為」がいくつも見つかった。

脱税常習犯だった朝日新聞

朝日新聞は、2000年代以降、たびたび国税局の調査において、重大な課税漏れを指摘された。2005年、2007年、2009年、2012年に、「所得隠し」などをしていたことが報じられている。

特に、2009年2月に報じられた脱税は、ひどいものだった。

その内容というのは、東京国税局の税務調査で、2008年3月期までの7年間に約3億9700万円の所得隠し（仮装・隠蔽）をしていたことが、わかったというものだ。この所得隠しのうち、約1800万円は「カラ出張」だった。

カラ出張とは、出張したと見せかけて出張費を経費で落とし、そのお金をほかに流用することである。公務員などがこれを行い、たびたび問題となっていた。それを朝日新聞の記者たちが行っていたのだ。

そして、このときは、「所得隠し」以外にも申告漏れが指摘されており、申告漏れの額は全部で約5億1800万円だった。

課税漏れには、「単なる課税漏れ」と「所得隠し（仮装・隠蔽）」の2種類がある。「単なる課税漏れ」というのは、経理のミスや、税法の解釈誤りで生じるものだ。

一方、所得隠し（仮装・隠蔽）というのは、売上を隠したり、架空の経費をでっち上げたりするなどの「不正行為」のことである。不正行為があった場合は、重加算税という税が課される。そして、不正行為の額が大きい場合は、「税法違反」で起訴されることになり、それが事件用語においてのいわゆる「脱税」である。

脱税として起訴される所得隠しの金額の目安は、だいたい2億円程度とされている（それより少ない金額でも起訴されることはある）。朝日新聞の所得隠し額は約3億9700万円であり、起訴されてもおかしくない額なのだ。

つまり、朝日新聞は、運よく起訴を免れていただけであり、内容的には刑事事件に該当する「脱税行為」を行っていたのである。

筆者は、元国税調査官であり、いろんな脱税行為、所得隠し行為を見聞きしてきたが、「カラ出張」というのは相当に悪質なものである。かなり素行の悪い企業でも、カラ出張まで行うようなことはめったにない。

このときは朝日新聞もヤバいと思ったらしく、京都総局の当時の総局長を停職処分にしたり、東京、大阪、西部、名古屋の各本社編集局長を減給処分にしている。

また2005年に報じられた所得隠しの内容も、ひどいものだった。会社に業務委託費の名目で費用を支払うなどという、かなり悪質なものだった。

ロンドンなど海外の子会社に対しておよそ4700万円を業務委託費の名目で支出しており、また名古屋本社では約4000万円を販売経費の名目で支出しながら販売店の所長らとの懇親会の費用などに充てていたという。このとき朝日新聞は11億8000万円もの申告漏れがあり、そのうちの一部は、不正行為があったとして、重加算税が課せられている。

税金への意識が低い朝日の記者たち

通常、課税漏れをする企業というのは、そのお金をプールしていたり、経営者が個人的に貯蓄するというものが多い。しかし、朝日新聞はそうではない。朝日新聞の課税漏れの大きな特徴は、税金を誤魔化して得たお金を記者個人個人が飲み食いなどに使うということである。

つまりは、記者たち個人個人の税金に関する感覚が緩いということである。

もともと朝日新聞は、新聞社の中でも特に不正経理に緩い体質があった。

というのも、朝日新聞は、社員（記者）の力が強いため、社員の経理に関する管理が非常に甘かったのだ。

朝日新聞の最大株主は、先にも述べたように「社員持ち株会」である。

朝日新聞は、創設者の村山龍平の親族などが株主になっていると思われがちだが、そうではない。現在は「社員持ち株会」が約26％の株式を保有し、最大の株主となっているのだ。創業者一族の村山家は2020年まで、上野家は現在も、それぞれ11％程度しか持っておらず、大きく引き離して「社員持ち株会」が第1位なのである。

つまり朝日新聞は「社員の会社」というわけである。

社員の会社というと「民主的でよい会社」というイメージがある。昨今の利益最優先の経済社会において、社員が最大株主になれば、社員の待遇が改善され、社会全体にはいい影響を与えるだろう。

ところが、朝日新聞の場合は別である。

朝日新聞は、そもそも大手新聞社という好待遇の会社であり、さまざまな特権を持ったエリート集団である。もともと特権意識の強い彼らに、さらに大きな特権意識を与えることになっているのだ。

つまり社員がさらに図に乗るということである。

そのため、社員たちは経理に関して遵法精神が低い。そして、社員の不正気質がそのまま朝日新聞の脱税体質になっていたのだ。

朝日新聞のこれまでの「所得隠し」の内容を見ても、「カラ出張」や「飲み食い費」など、社員が関連しているものがほとんどである。社員が会社の金を、飲み食いなどに費消し、適当な科目で計上したことが「脱税」につながっているのである。

そこを財務省に衝かれたのだ。

２０１２年3月30日にも、朝日新聞の課税漏れがあったというニュースが報じられている。朝日新聞は、東京国税局から5年間で約2億５１００万円の申告漏れを指摘されたのだ（たとえば以下。https://www.nikkei.com/article/DGXNASDG3000Y_Q2A330C1CR0000/）。このときも、不正行為（仮装・隠蔽）があり、重加算税が課せられている。

そして、この所得隠しが報じられた翌日、朝日新聞はまるで財務省に降参するような形で、衝撃的な社説を発表することになるのだ。

朝日新聞が消費税絶対推進派になった日

２０１２年3月31日のことである。

朝日新聞は、「税制改革の法案提出　やはり消費増税は必要だ」と題した社説を発表した。

その社説には、「高齢化が急速に進むなか、社会保障を少しでも安定させ、先進国の中で最悪の財政を立て直していく。その第一歩として、消費増税が必要だ。私たちはそう考える」と記されており、消費税を強力に推進する内容となっていた。

これまで述べてきたように、朝日新聞は、消費税の原型である売上税を廃案に追い込み、消費税にも反対し続けてきた。それを手のひらを返すようにして、消費税推進派に転向したのである。

この社説に、驚いた人も多いはずだ。

そして「いつも国の方針に反対ばかりする朝日新聞でさえ消費税を推進するのだから、消費税の増税はやむを得ないのではないか」と考えた人も多かっただろう。

本来、報道機関というのは「公正中立」でなければならないという建前がある。

新聞社が、これほど明確に「自分の主張」を行うというのは珍しいことでもある。

これまで述べてきたように、消費税というのは、大企業や富裕層を楽にし、庶民を苦しめる欠陥だらけの税金である。常日頃、「庶民の味方」を標榜してきた朝日新聞としては、異常なことのように思える。

もちろん、朝日新聞が「転向」したことと、「朝日新聞が追徴課税を受けたことによる影響」は、当然、疑われるべきである。

というより、追徴課税の報道があった翌日に、転向を発表するなど、こんなわかりやすい「利に転ぶ姿」はめったにないと言える。

転向の社説のわずか2週間前の2012年3月18日には、朝日新聞は消費税の増税に反対する社説を掲載している。

「整備新幹線　これで増税が通るのか」と題して、整備新幹線の着工にゴーサインを出した当時の野田政権に対して、「歳出を絞らずに消費税の増税を国民に求めるとは不届きな！」というニュアンスのことを述べているのだ。

ところが、それからわずか2週間後に、冒頭に紹介した2012年3月31日の社説が出されたのだ。

朝日新聞は、「大企業や富裕層の税制優遇」「歳出の削減」などの問題は解決していないことを認めつつ、とにかく消費税は増税しなくてはならないという、強力な消費税推進派の立場に豹変したのである。以下、朝日新聞が消費税絶対推進派に転向した社説。

２０１２年３月31日　朝日新聞社説

「税制改革の法案提出　やはり消費増税は必要だ」

政府が消費増税を柱とする税制改革法案を国会に提出した。

消費税率を今の5%から14年4月に8%へ、15年10月には10%へと引き上げる。税収は社会保障の財源とする。

高齢化が急速に進むなか、社会保障を少しでも安定させ、先進国の中で最悪の財政を立て直していく。その第一歩として、消費増税が必要だ。私たちはそう考える。

しかし、国会でも、国民の間でも異論が絶えない。

まず、こんな疑念である。

なぜ増税が必要なのか、なぜ消費税なのか

この問いに答えるために、国の財政の状況を整理しよう。

12年度の一般会計予算案で、歳出の総額は90兆円を超す。ところが、税収は42兆円余りしかないので、国債を発行して44兆円以上も借金する。

こんな赤字予算を続けてきた結果、政府の借金の総額は1千兆円に迫り、国内総生産の2倍に及ぶ。

財政悪化の最大の要因は、社会保障費の膨張だ。一般会計では26兆円を超えた。高齢化で医療や年金、介護の給付が伸び続け、国の支出は毎年1兆円余りのペースで増えていく。

多額の借金で社会保障をまかなう構図だ。この財源の「穴」を埋め、将来世代へのツケ回しを改めなければならない。

むろん、むだを省く工夫が必要だ。分野によっては、給付の大幅な削減も避けられない。

一方で、「穴」の大きさを考えると、医療や年金、介護の保険料ではとても追いつかない。ここは税の出番だ。

社会全体で支え合う社会保障の財源には、一線を退いた高齢者から、働く現役組まで幅広い層が負担し、税収も安定している消費税がふさわしい。

その際、低所得の人への対策を忘れない。所得税や相続税も見直し、所得や資産の多い人への負担は重くする。税制改革の重要なポイントだ。

増税に頼らなくても、財源はあるはずだ

行政改革を徹底し、予算の配分を見直し、歳出を絞っていくのは当然のことだ。

この点で野田政権と財務省の無責任ぶりは甚だしい。昨年末には、整備新幹線の未着工区間の着工をはじめ、大型公共事業を次々と認めた。

消費増税の実現が最優先となり、与党から相次ぐ歳出要求に抵抗もせず、受け入れた。独立行政法人や特別会計にもまだまだメスが入っていない。とんでもない考え違いである。

ただ、歳出削減に限界があるのも事実だ。一般会計の教育・科学関係費や防衛費、公共事業費、国家公務員の人件費は、それぞれ5兆円前後。大なたをふるっても、多額のお金

が出てくるわけではない。

特別会計や政府系の法人が抱える「埋蔵金」も、ここ数年積極的に掘り起こしてきた結果、次第に底を突きつつある。

10兆円を超す積立金を持つ特別会計がいくつか残っているが、それぞれ借金を抱えていたり、将来の支払い予定があったりする。活用しても、一時しのぎにすぎない。

低成長が続くなか、増税して大丈夫か

エネルギーや環境、農業などで規制緩和を進め、新たな需要と雇用を生み出し、経済を活性化する努力は不可欠だ。

だが、「景気回復を待って」と言っている間に借金はどんどん積み重なる。リーマン・ショックのような激震時には見送るにしても、増税から逃げずに早く決断することが大切だ。

欧州の債務危機では、主要先進国の一角であるイタリアまでが国債相場の急落（利回りの急上昇）に見舞われた。財政は日本よりはるかに健全なのに、投機筋の標的になった。

日本の国債は大半を国内の投資家が持っているからといって、価格下落と無縁なわけでは

ない。

イタリアはマイナス成長が懸念されるなか、増税や年金の削減に乗り出した。フランスも、ユーロ圏ではない英国も、競って財政再建に着手し、国債への信用を維持しようと必死だ。

市場に追い込まれる形での財政再建は厳しい。

国債価格が下がると、新たに発行する分には高い金利をつけないと買ってもらえない。財政はいよいよ苦しくなる。

景気の回復を伴わない金利の上昇は、企業も圧迫する。給料が下がり、雇用が失われかねない。そんな状況下で、いま以上の増税が不可避になる。

経済学者でもあるイタリアのモンティ首相は「未来のために犠牲を分かち合ってほしい」と訴え、国民の支持を得て改革への推進力としている。

野田首相は「消費増税に政治生命をかける」と言うが、そのためには、国民が納得できる政策を示さなければならない。

私たちは目を凝らし、厳しく注文をつけていく。

財務省の広告塔になった朝日新聞

しかもこの後、朝日新聞は、悪魔に魂を売ったように、すっかり強硬な消費税推進派になってしまう。

消費税の増税を批判するどころか、むしろ増税を急かすようにさえなったのだ。

２０１８年10月１日の社説では、「10％まで１年　消費増税の先を論じよ」と題し、消費税増税に慎重な安倍晋三首相に対して、次のような釘を刺している。

４年前は増税の先送りを決め、「国民に信を問う」と衆院を解散した。16年の参院選の直前には「これまでの約束とは異なる新しい判断だ」として、２度目の延期を決めた。昨年は、増税で得られる税収の使い道を変えるとして、またも国民に信を問う戦略をとった。

来年は統一地方選や参院選がある。政治的な理由で、３度目の延期をすることがあってはならない。

この当時の首相だった安倍氏は、すでに法律で決まっていた消費税の８％から10％への増税を2回も引き延ばしていた。消費税を増税すると、支持率が下がる。また安倍首相としては、財務省の言いなりになって消費税を増税することに釈然としないところがあったのだろう。

しかし朝日新聞は、安倍首相のその姿勢を強烈に批判しているのである。

何度か触れたが、日本の消費税には、低所得者ほど負担が大きくなる「逆進性」という重大な欠陥がある。朝日新聞も、かつてはこの消費税の「逆進性」をさんざん批判していた。

だが、もうこのときには、「逆進性」の問題など一切触れることなく、ただただ消費税増税を引き延ばしている安倍首相を批判しているのだ。つまりは金持ちを優遇し庶民に負担を押し付けるという問題の解決策はまったく見られていないのに、「とにかく消費税を増税しろ」という主張になったのである。

これを読むと、朝日新聞は安倍首相よりもはるかに消費税の増税に積極的だということがわかる。

まるで朝日新聞は、財務省の広告塔になったようなものなのだ。

第4章

朝日新聞と財務省は「同じ穴のムジナ」

毒まんじゅうを喰った朝日新聞

ここまで読んでこられた方の中には、「強大な国家権力に屈した朝日新聞」という印象を持たれる方もいるかもしれない。

しかし朝日新聞は、そんな「正義の新聞」ではない。

そもそも朝日新聞自体が強大な利権を持っており、その利権を守ることを第一に考えてきた新聞社でもある。いわば、財務省と「同じ穴のムジナ」なのだ。

そして朝日新聞には「利に転ぶ」という伝統がある。

財務省は、朝日新聞を税務調査でボコボコにする一方で、毒まんじゅうも用意していた。消費税の軽減税率を設定するときに、「新聞」を軽減税率の対象に含めたのである。つまりは、新聞業界は軽減税率の恩恵を受けることになったということだ。

現在、消費税は10％だが、「軽減税率」として生鮮食料品などだけが特別に8％にされている。これは、2019年に消費税の税率を8％から10％に上げるとき、一般庶民の負担を少しでも減らすという目的で設定されたのだ。

この8％の軽減税率品目の中に、新聞が含まれているのは、実は非常に不自然なことなのだ。

ヨーロッパ諸国などでは、食料品など生活必需品には消費税の税率を低くし、低所得者層の負担を和らげる工夫がされていた。

日本でも、消費税導入時から「軽減税率」を設定すべきという意見があったが、どの項目を対象にするかで、各業界の激しい陳情合戦となり、調整力のない日本の政治家たちは「いっそ、みな一緒の税率で」ということになったのだ。

ところが、消費税が増税されるに従い、軽減税率の必要性を訴える声が大きくなった。ダイヤモンドにもお米にも同じ税率をかけているような、雑な消費税を持つ国は、世界中を探しても日本くらいしかないからである。

政治家も、官僚もさすがにそのことに気づいて、10％に増税するとき軽減税率を設定しようということになった。

しかし、今回決まったこの軽減税率の対象品目には、大きな謎がある。

今回設定された軽減税率の主な対象品目は、食品表示法に規定する飲食料品である。

食料品は生活必需品なので、これが主な対象にされたことは、不自然なことではない。

だが、なぜか「新聞購読料」も軽減税率の対象にされたのだ。

新聞は「軽減税率」で財務省の犬となった

ヨーロッパ諸国の間接税でも、新聞が軽減税率の対象になっているケースが多い。しかし、そのほとんどの場合、新聞だけではなく、書籍も同様に軽減税率の対象になっているのだ。

にもかかわらず、日本の場合は、新聞だけが対象になっている。しかもただの新聞ではなく、「定期購読契約が締結された週2回以上発行される新聞」ということになっているのだ。

日本新聞協会は、新聞に軽減税率が適用されることについてホームページで、次のように主張している。

書籍、雑誌も含めて、活字文化は単なる消費財ではなく「思索のための食料」という考え方が欧州にはある。デンマーク、ノルウェーなど新聞をゼロ税率にしている国もある。欧州連合（EU）加盟国では、標準税率が20%を超える国がほとんどで、その多くが新聞に対する適用税率を10%以下にしている。

そして、新聞協会は、ヨーロッパ諸国などが設定している新聞の軽減税率のデータを表にして載せている（https://www.pressnet.or.jp/keigen）。

これを見ると、世界中で新聞は軽減税率の対象となっているので、日本でも設定していいのではないか、と思ってしまう。

だが、新聞協会のホームページのデータには、肝心かなめのことが抜けているのだ。

というのも、新聞協会の提示したデータを見れば、たとえばイギリスの欄では「標準税率20%　新聞の税率0%」となっているので、あたかも新聞だけを特別扱いしているようなイメージをうける。が、イギリスの場合、新聞に限らず、書籍も雑誌も同様に0%にしているのである。

欧州諸国のほとんどはイギリスと同様に、新聞だけを

欧州主要国	標準税率	軽減税率		
		新聞	雑誌	書籍
イギリス	20%	0%	0%	0%
ドイツ	19%	7%	7%	7%
フランス	20%	2.1%	2.1%	5.5%
イタリア	22%	4%	4%	4%
スペイン	21%	4%	4%	4%

欧州主要国の新聞、雑誌、書籍の軽減税率

軽減税率の対象としているのではなく、雑誌や書籍も同様に対象にしているのだ。この「情報は民衆の必需品」という考え方は、多くの人にとって理解できるものだろう。

だが、肝心なことは、欧州諸国は新聞だけではなく、雑誌や書籍も対象にしているということである。なぜ日本では「新聞だけ」なのか？　新聞だけが対象になるのであれば、「情報は民衆の必需品」という考え方には合致しない。

しかも、対象になるのは、「定期購読」されているもののみである。コンビニなどで売られている新聞は、対象にならない。なぜ同じ新聞なのに、定期購読だけが対象になっているのか、非常に不可思議である。

今の日本の現状をみたとき、「新聞の定期購読をしている人」が、低所得者層とはとても言えないはずだ。家計が苦しい場合、新聞の定期購読などがまず削られるはずである。テレビやネットのニュースで代用することができるからだ。

現在、新聞の定期購読をしている人たちというのは、ある程度お金に余裕がある人であり、低所得者層への配慮とは言い難い。

軽減税率の対象品目に、「宅配の新聞」が入っていることは、どう見ても不自然である。

これは、「新聞を軽減税率の対象にすれば新聞が消費税に反対しなくなる」という財務省の見え透いた狙いがあるし、しかも新聞業界は、財務省の狙い通りの対応をしているのだ。

朝日新聞が社説に「消費税推進」を掲げたときは、まさに軽減税率の対象品目が検討されているときだった。ただ、このときには対象品目の調整がうまくいかず、2014年の増税時には軽減税率の設定は見送られた。

ところが、2019年の軽減税率設定時には、新聞は見事に対象品目に当選したわけである。朝日新聞の社説などに対する、財務省からの論功行賞と言える。

利に転ぶのは朝日新聞の伝統

朝日新聞が利に転んだのは、これが初めてではない。

というより、実は朝日新聞は、戦前には好戦的な記事を書くことで部数を伸ばし、大新聞社になった経緯があるのだ。

しかも、言論統制によって、強制的に好戦記事を書いていたわけではない。言論統制が厳しくなるずっと以前から、新聞は好戦的な記事を書きまくっていたのである。

戦前の新聞というのは、今よりもずっと世論への影響力が大きかった。まだテレビ放送は始まっておらず、ラジオも普及率は50%以下だったので、国民のほとんどは社会の情報を新聞から得ていたのである。

だから、新聞の好戦記事がそのまま世論になってしまったのだ。

朝日新聞は、戦争が起きるたびに部数を大幅に拡大してきた。

特に日露戦争では、部数が激増したのだ。

明治31年の時点では大阪朝日新聞が10万部、東京朝日新聞が4万部程度だったが、大正時代には「大阪朝日」は公称100万部となり、「東京朝日」は70~80万部となっていた。

朝日新聞は増刷に追い付けず、大正11年にはそれまでのマリノニ型輪転機に替えて、朝日式高速輪転機（アメリカ・アール社製）を導入しているほどである。

日露戦争では、各紙が特派員を派遣し、通信のための船をチャーターするなど、取材競争が激化した。スクープ合戦はこの当時からあったのだ。また「新聞の号外」が、世間に認知されたのも日露戦争の頃である。各紙が号外を濫発し、朝日など1日に5回発行したときもあった。

日露戦争を取り上げる歴史書や教科書などでは、戦争中、国民が戦勝を祝って提灯行列をする様子が描かれることがある。

この提灯行列の多くは、実は新聞社が主催したものなのである。政府や警察は、治安の悪化につながるため、戦争中の夜間の祭事などには、反対の姿勢をとっていた。しかし新聞社は、それを強引に押し切る形で、戦捷祝賀会を企画したのである。花火や出店、イルミネーションや剣術試合なども行われ、いわば「お祭り騒ぎ」だったのである。この戦捷祝賀会は、日比谷公園に集合して皇居まで提灯行列をする、というのがオーソドックスなパターンだった。これが後に日比谷公園で起きる惨劇につながるのである（日比谷焼打事件）。提灯行列に参加した人数は、東京だけで日露戦争中に五八万六〇〇〇人に上った。

戦争で部数を伸ばしたのは、朝日だけではなく、毎日新聞も読売新聞も同様である。それらはいずれも好戦的な記事で大幅な部数拡大となったのだ。

しかし、どの新聞も、みな好戦的な記事を書いていたわけではない。

国民新聞のように、冷静な記事を書いていた新

	日露戦争前（1903年）	日露戦争後（1907年）
報知新聞（現在の読売）	8万3400部	30万部
東京朝日（現在の朝日）	7万3800部	20万部
大阪朝日（現在の朝日）	10万4000部	30万部
大阪毎日（現在の毎日）	9万2400部	27万部

日露戦争前後の新聞購読数

（『明治・大正のジャーナリズム』岩波ブックレットより）

聞もあった。

日露戦争終了後、講和条約が結ばれたときに、賠償金が出ないことなどから国民が反発し、当時の大手紙のほとんどは、「講和反対」を掲げた（大阪毎日は中立的な記事）が、国民新聞は講和を容認する記事を書いた。現在、反戦を社是のようにしている朝日新聞も、戦争終結反対を唱えていたのだ。

その結果、講和を容認した国民新聞社は焼打ち事件の標的となり、暴徒に器物破損されたり、社員に負傷者が出るなどの被害を被った。

一方、講和反対の主張を掲げた新聞は、政府から何度も発行停止の処分を受けた。大阪朝日などは発行停止3回の新記録を作った。

しかし、このとき講和に反対した新聞は、国民の支持を得てその後部数を伸ばし、講和を歓迎した国民新聞は、その後部数減で廃業してしまったのだ。

この事件は新聞の経営に大きな影響を与えることになる。

「威勢のいい好戦的な記事を書けば部数が増える」

これに味をしめた新聞各紙は、満州事変から太平洋戦争まで、好戦的な記事を書き続ける。新聞各紙には、日本を泥沼の戦争に陥れた責任の一端があるのだ。

たとえば、満州事変後に、国際連盟総会で脱退を表明した松岡洋右《ようすけ》が、日本に帰国したとき、東京朝日新聞はその様子を次のように報じている。

「歓迎の嵐の中に　無量の感慨を抱いて　松岡代表帰国す」
～日本晴れに輝く横浜港～
日本の外交に画期的な転換をもたらした国際連盟会議に帝国首席代表として出席のため去る十月二十一日故国を鹿島立した松岡洋右氏は出発以来七ヶ月振りに二十七日午後横浜着、朝野を挙げての歓呼のあらしの中を直ちに特別列車にて同三時五分東京駅着、閣僚以下官民多数の熱誠なる歓迎を受けて華々しく帰朝した
（中略）
零時五十五分臨港列車が到着する頃四号上屋内外は数万の人の山で埋まった、検疫を終えた浅間丸が漸く港内へ姿を現すと旋回する飛行機の爆音とともに歓迎の人垣は動揺する、午後一時船体がぴったり岸壁へ横づけとなるや万歳万歳の歓呼の声が怒涛のようにわき上った、松岡全権一行がタラップを伝わって力強い上陸第一歩を印する瞬間、上屋を揺がす歓呼は爆発して一種壮烈なシーンを展開した、ＪＯＡＫのマイクを通じて河西アナウンサーがこの盛観を全国民の胸へ伝える頃万歳歓呼の浪を分けて全権一行は上屋休憩室で少憩

の後午後二時二十分岸壁構内を埋めた官民一同の熱狂歓呼のあらしを後に臨港列車によって晴れやかに帝都へ向った

（昭和8年4月28日　東京朝日新聞夕刊、引用にあたり旧字を新字とした）

このときの国際連盟脱退劇というのは、総会に参加した44か国のうち、42か国が満州国否認の決議に賛成し、シャム（現在のタイ）が棄権票、日本だけが反対だった。つまり、42対1の圧倒的に不利な状況だったのである。これ以上ないというほどの国際的孤立である。

この国際的孤立が何を意味するのか、ということを、朝日新聞はまったく冷静に考えなかったのである。

いつの時代も、国民というのは威勢のいいこと

東京朝日新聞
歡迎の嵐の中に
無量の感慨を抱いて
松岡代表歸國す
日本晴れに輝く横濱港
祖國への第一歩
淺間丸甲板上にて歡呼に答へる松岡代表

東京朝日新聞　昭和8（1933）年4月28日夕刊一面

が好きで、外国からバカにされることが大嫌いなのである。その国民感情を逆手に取り、威勢のいい記事ばかりを書いて、日本全体を好戦的な雰囲気にしてしまったのだ。

昭和初期の軍部が、なぜあのように暴走したのか、ということについての研究では、「世論の力」は無視される傾向にある。しかし、当時の新聞や世論を無視して、昭和の軍部の暴走は語れないのである。

しかも新聞各紙は、敗戦後にはまったく手のひらを返し、軍部批判、平和主義を唱え出したのである。その代表的な新聞が、朝日新聞である。

新聞社がテレビ局を保有するという「巨大権力」

実は、朝日新聞も、財務省と同じような巨大な権力を持っている。

というのも、朝日新聞は地上波のテレビ局「テレビ朝日」を持っている。日本では、大新聞社はいずれもテレビ局との結びつきがあるが、実はこれは世界では珍しいことなのだ。

新聞社がテレビ局を保有してしまうと、メディアにおける影響力があまりに強くなってしまうので、新聞社がテレビ局を持つのを禁止している国もあるほどなのだ。

しかし、日本には、そういう規制はなく、まるで当たり前のように大手新聞社は全国に系列のテレビ局網を敷いている。

メディアというのは、世論を操作することもできるので、国家権力に匹敵するほどの巨大な権力を持っていることになる。

しかも、この巨大な権力は、巨大な利権によって守られているのだ。

現在、地上波のテレビ局というのは、事実上、新規参入ができない。テレビ放送を行うには、総務省の免許が必要だが、日本で地上波のキー局にこれ以上免許を出すことはほぼない。つまりテレビ業界というのは完全な既得権業界なのである。

日本で大手新聞社がテレビ局を保有しているのは、テレビ草創期に大手新聞社がこぞってテレビ局をつくったからである。まず読売新聞が日本で最初の民放の設立を行い、ほかの大手新聞もそれに追随した。


また新聞業界には、「記者クラブ」というものがある。

これは、官庁などに報道機関専用室のようなものが設けられ、メンバーだけが独占的に取材を行えるというものだ。この記者クラブは、各官庁、都道府県など800か所に及ぶ。

記者クラブに入れるのは、既存の新聞社等に限られる。だから、新聞業界には新規参入がなかなかできないのだ。先進国で、メディアにこのような閉鎖的な団体があるのは日本だけである。

つまり、日本の大手新聞社、テレビ局というのは、政府の規制に守られた巨大な利権集団なのだ。

そして新聞業界は、この利権があるために、政府に都合の悪いことはなかなか報じられなくなっているのだ。新聞社の子会社であるテレビ局も、当然のようにそれに追随している。

日本は「報道の自由度」の世界ランキングが70位と、先進国ではありえないほど低くなっている（国境なき記者団〈ＲＳＦ〉「世界報道自由度ランキング」〈https://rsf.org/en/index〉）。ほかの先進国や台湾、韓国だけでなく、チェコやスロバキアなどの旧共産圏国家、激しい人種差別があった南アフリカなどよりも、報道の自由度が低いと認定されているのだ。

それは日本の大手メディアが、利権でがんじがらめになっているからでもあるのだ。

その結果、

「新聞・テレビは同じことしか報じない」
「新聞・テレビは双方の利益に縛られて、自由に報道ができない」
「政府の都合の悪い情報は、新聞・テレビでは流れない」

という状況が生まれているのだ。

また新聞・テレビは、自分たちの利益を優先するためには、巨悪にも目をつむってきた。
2023年、イギリスのテレビ番組に端を発したジャニーズの性加害問題は、芸能界だけではなく、社会問題と言っていいほど、クローズアップされた。

が、ここにきてジャニーズ問題がクローズアップされることに、違和感を持った人も多いはずだ。

ジャニーズ事務所のジャニー喜多川氏が、所属の少年たちに性加害をしているというのは、30年以上も前から暴露本が出され、関連の裁判なども行われ、「限りなく黒」という判断が出されていたものだ。

にもかかわらず、この情報は一部の週刊誌や書籍が報じるのみであり、新聞・テレビなどで取り上げられることはほとんどなかった。

30年以上の長きにわたって、これほどの犯罪が「公然の秘密」とされてきたのだ。

それは新聞・テレビにとって、ジャニーズ問題が自分たちの利益に関わることだったからだ。

ジャニーズ事務所のタレントは人気があり、テレビに引っ張りだこなので、各テレビ局はジャニーズ事務所を悪く言うようなことは報道できない、ということになっていた。また各テレビ局は、親会社が大手新聞社となっており、大手新聞社もその兼ね合いから、ジャニーズ事務所の問題については、触れてこなかったのだ。

つまりは、大手新聞社、テレビ局の利害関係により、これほど大きな社会問題が、30年以上にわたり、黙殺されてきたのだ。

そして大変な社会問題を、新聞やテレビがあまり報じないというのは、ジャニーズ問題に限ったことではない。日本には、ジャニーズ問題に匹敵するような、いやジャニーズ問題をはるかに超えるような大きな社会問題が、まったく報じられていないということは多々あるのだ。

そもそも朝日新聞は「大企業の代表」

また朝日新聞は、常日頃、「庶民の味方」を標榜しているが、そもそも朝日新聞は日本有数の大企業であり、朝日新聞の社員たちは、富裕層なのである。

だから、いざというときには、「大企業」「富裕層」としての意識が出てしまうのだ。

朝日新聞は、大新聞社でありテレビ局のオーナーでもあり、世界でも有数の大メディア企業である。それにプラスして、日本有数の不動産事業者でもあるのだ。

朝日新聞社は、東京銀座朝日ビルディングや大阪の中之島フェスティバルタワーなどを所有している。

東京銀座朝日ビルディングは、世界最高級のホテルである「ハイアット セントリック」が入っている。ハイアット セントリックは、これがアジアで初めての進出である。

また中之島フェスティバルタワーには、これまた日本で最高級クラスのホテルである「コンラッド大阪」が入っている。

朝日新聞の純資産額は、約3644億円である（2023年3月時点）。

純資産額というのは、資産から負債を差し引いた額であり、朝日新聞の正味財産である。

これが3644億円もあるのだ。この資産額は、日本企業でも有数のものである。

また朝日新聞の社員の平均給料は、1200万円弱である。これは、日本のサラリーマンの平均の約3倍である。

しかも取締役九人の年間報酬は、2億7000万円にも達している。

一人あたり3000万円である。

富裕層に属すると言えるだろう。

さらに、彼らは取材費という名目で自由になる金がかなりある。

それらを含めれば、日本人の平均給与の5～10倍の経済力があるだろう。

何度も言うが消費税というのは、所得の低い者ほど痛みの大きい税金である。だから、国民平均の数倍の「高給取り」、しかも取材費という名の遊興費がふんだんに使える者には、消費税の痛みが実感としてわかるはずがないのだ。

そして、彼らは彼らの裕福な生活を守るために、消費税の増税が必要だったのである。取材費の緩さを国税に見逃してもらうためには、財務省に媚を売っておかなければならない。また、新聞の売上を維持するためには、軽減税率に入れてもらいたい。

つまりは、朝日新聞は、１００％自分たちのために、消費税増税派に転向したのである。

日本維新の会にも籠絡されていた朝日新聞

また、朝日新聞が権力側につき、報道機関としての責務を放棄したことは、他にも多々ある。

わかりやすい例が、「日本維新の会」との関係である。

「日本維新の会」という政党は、失政続き、不祥事続きなのである。が、この日本維新の会の失政や不祥事は、なぜかあまり報じられてこなかった。

たとえば維新の会の本拠地ともいえる大阪では、コロナ禍では早々に医療崩壊を起こし、日本で最悪の死者を出していた。2021年12月の時点ですでに、人口一〇〇万人あたりの死者は三〇〇人を大きく超えており、東京より一〇〇人以上も多く、都道府県平均の2倍となっていた。

しかも2021年5月1日時点では、7日間の人口あたりの死者数が、インドやメキシコよりも多くなっていた。大阪は「世界でもっとも新型コロナの死者が多い地域」となったのだ。

新型コロナが5類感染症に引き下げられた2023年5月時点でも、日本で人口あたりの新型コロナ死者がもっとも多かった都道府県は大阪で、一〇〇万人あたり九七四人である。東京都は五七九人なので、大阪はなんと東京よりも68％もコロナ死者割合が高い。全国平均と比べても、63％も高くなっている。

感染症対策において、もっとも重要なことは「死者を出さないこと」である。それを考えたとき、大阪はもっとも新型コロナ対策に失敗しているということが言えるはずだ。

また大阪は、医療を受けられないままに死亡した人の数も日本で最悪だった。日本でもっとも医療崩壊が激しかった地域だと言える。

大阪は初期の段階から最後までずっと日本で最悪の被害を出していたのだ。つまり、ほかの都道府県に比べて大阪は新型コロナの3年の間、まったく進歩がなかったのである。

にもかかわらず、この大阪の惨状について、新聞・テレビの大手メディアはほとんど取り上げなかった。むしろ、テレビでは「吉村知事はよくやっている」というような賛辞すら送られる始末だった。

しかも維新の会は、新型コロナ禍の最中に国家の根幹を揺るがすような大事件に関与していた。

その事件とは、愛知県知事のリコール不正投票事件である。

ご存じの通り、愛知県知事のリコール不正投票というのは、知事リコールのための署名活動に8割超の偽造などの不正があったという、民主主義の根幹を揺るがす大事件だった。この事件では、リコール運動の事務局長の田中孝博氏は日本維新の会の愛知5区の支部長だった人物である。次期衆議院選挙では候補になるとみられていた。

田中孝博氏は、不正投票が発覚した２０２０年の2月に、維新に辞表を出している。なので維新はこの不正投票にはまったく責任がないという姿勢をとり続けた。

維新の創設者であり、現在も維新の会の事実上の領袖である橋下徹氏は、頻繁にテレビに出ているが、この問題にはまったく触れることなく、ほかの政治批判などを繰り広げていた。

というより、この不正署名事件に関して維新との関わりを、メディアはほとんど追求していない。

仮にも公党の支部長が重大な事件を起こしているにもかかわらず、その公党の責任をほとんどのメディアはスルーしているのだ。

「大阪の再開発」という毒まんじゅう

この件に関して、朝日新聞にも大きな責任がある。

朝日新聞は、もともとは日本維新の会と敵対的ともいえるような関係だったが、あるときを境に、まるで同志のような関係になったのだ。

以前、朝日新聞は維新の会や橋下徹氏に対しては、批判的なスタンスを取っていた。朝日新聞系列の雑誌「週刊朝日」などは橋下氏を糾弾する記事を書き、裁判沙汰になったこともある。この「週刊朝日」の記事は橋下氏の出自を愚弄するという下品な内容があったため、「週刊朝日」側の全面的な敗北となっていた。

その朝日新聞が、2012年ごろから維新の会に対して、批判的スタンスを取らなくなったのだ。

実は２０１２年には、朝日新聞と維新の会は、共同プロジェクトともいえるような事業を開始している。

維新の会の橋下氏が大阪市長になった直後の２０１２年6月、大阪府と大阪市の統合本部会議で、中之島が「大阪・新大阪」などとともに、重点的に開発される地域に選定されたのだ。

その当時、朝日新聞の子会社である朝日ビルディングは、中之島に「中之島フェスティバルタワー」「中之島フェスティバルタワー・ウェスト」の完成を間近に控えており、まさに渡りに船の朗報だった。「中之島フェスティバルタワー」「中之島フェスティバルタワー・ウェスト」は、老朽化した大阪朝日ビル、朝日新聞ビルを取り壊し、２００メートルのツインタワーを建てるという社運をかけたプロジェクトだったのだ。

この朝日新聞の「中之島プロジェクト」を大阪府と大阪市が強力に援護したことになるわけだ。以降、中之島は急速に開発され、新しい商業地域、オフィス街として大阪の新名所的な存在となっている。

橋下氏や維新の会は、朝日新聞を支援するつもりで中之島の再開発を進めたわけではないかもしれないが、結果的に朝日新聞を大いに助けることになったわけだ。

そして、この事業が始まってから、朝日新聞は日本維新の会への批判をほとんどしなくなったのだ。

前述したように、朝日新聞は、東京や大阪の一等地に多くのビルを所有しており、これらの不動産事業の収入が、子会社からの配当金という形で入ってくる。現在、朝日新聞の利益の約半分は、これら子会社からの配当によるものとなっているのだ。

朝日新聞も部数が激減しており、売上は減っている。しかし、不動産収入によって純利益は増えているのだ。

この不動産事業を助けてくれた「日本維新の会」には、批判を向けなくなったということである。なんとわかりやすい「利に転ぶ性質」かということである。

第5章

そして日本は格差社会になった

朝日新聞は消費税のことをよくわかっていなかった

朝日新聞は、当初、消費税に反対し、その後、大賛成に転向したのだが、実は消費税そのものについて、あまりよくわかっていなかったのである。よくわからずに反対したり賛成したりしていたのだ。

そして朝日新聞は、まったくピントはずれの消費税批判も繰り広げてきた。

消費税導入当初、零細事業者を救済するための措置が講じられていたのだが、朝日新聞はそのことを痛烈に批判しつづけてきたのだ。

消費税というのは下請け業者や零細事業者にとっても負担の大きいものである。

消費税は、その建前として「消費者（客）に負担してもらう税金」ということになっている。

つまり、事業者は消費税分は価格に転嫁すればいい、というわけだ。

けれども、零細事業者の場合、そう簡単には価格に転嫁できない。

下請け業者やフリーランスなどが請け負う報酬は、下請け側が決めることはほとんどなく、発注側の企業が一方的に決めてくるものである。

そして消費税が上がったからといって、報酬が上がるとは限らない。「決められた報酬の中に消費税も含まれている」という建前になっているので、零細事業者としては文句のつけようがないのだ。

たとえば、イラストレーターが10万円で仕事を受注したとする。普通であれば、10万円に消費税をプラスして11万円が支払われるはずである。しかし、発注した企業側が、「10万円というのは消費税込みの金額だ」と言えば、イラストレーターはそれ以上「消費税をください」とは言えない。

下手に文句をつけようものなら、仕事を発注してもらえなくなったりする。つまり消費税というのは、下請け業者や零細事業者にもっとも負担が大きい税金なのである。

下請け業者というのは、ただでさえ発注元から報酬の引き下げ圧力を受ける。たとえば、今年（2024年）の3月には、日産自動車が下請け企業に減額を強要したとして公正取引委員会から「下請法違反」だという指摘を受けた。日本を代表する産業である自動車業界でこのようなことが行われているのだ。日本の産業全体が、同様の空気を持っていると言える。

そういう下請け業者たちは、消費税が上がったからといって、増税分を料金に上乗せしようとしてもなかなかできるものではない。となると、下請け業者たちは、消費税増税分は、自腹を切るしかないのだ。

つまり、消費税というのは、実質的に、零細事業者、下請け業者に負担を強いる税金でもあるのだ。

消費税が下請け業者や零細事業者に痛手であることは、国の側も認識していた。だから消費税導入時には、売上が3000万円以下の事業者は、消費税の納税が免除されていた。

そして政府は消費税導入時に、この3000万円以下の免税制度があるために、「消費税は大型間接税ではない」と説明していた。日本の事業者の半数以上は、売上が3000万円以下だったからだ。

この売上というのは、所得や利益のことではない。事業者は売上から経費を差し引いた残りが、利益（所得）となる。だから売上3000万円以下の場合、経費を差し引いた後の所得はそう大したことはない。実収入は数百万円であることがほとんどなのだ。

この3000万円以下の事業者の免税について、痛烈に批判していたのが朝日新聞なのである。

消費税開始前の1988年11月17日の社説「納得できない消費税導入」ですでに、「簡易課税制度」の適用範囲を「欠陥」と批判している。そして、1991年10月4日の社説でも、零細事業者の救済制度について批判している。中小事業者は不当に消費税の納税を免れている、というのだ（後述）。

朝日新聞は、下請け業者などの実態はほとんど知らず、単に、本来納付すべき人たちが納付していない、としか思っていなかったのだ。朝日新聞が、いかに消費税のこと、零細事業者のことを知らないまま、大上段からピントはずれの意見を主張してきたか、ということである。

インボイス制度を推奨していた朝日新聞

この売上3000万円以下事業者の免税の制度は、平成16（2004）年に大幅に縮小され、免税となるのは「売上1000万円以下の事業者」となった。

普通に事業をしていれば、中小事業者でも売上は1000万円以上になることが多いので、これでほとんどの事業者に消費税の納税義務が課せられたわけである。

消費税を免除されるのは売上が1000万円以下の零細事業者だけになったのだ。

そして、令和5年のインボイス制度によって、「売上1000万円以下免税」の制度も事実上、骨抜きにされてしまったのである。

これにより、零細事業者さえも消費税の納税義務が生じることになった。

インボイス制度をめぐっては、声優やフリーランサーなどが業界をあげて反対を表明し、ネットニュースになったりもしたが、一般の人には今ひとつわかりにくいものだろう。

インボイス制度というのは、ざっくり言えば、支払先に免税事業者がいた場合、その免税分の消費税を支払者が負担しなくてはならないというものである。そのため企業は、免税事業者とは取引をしなくなる。

となると免税事業者は、本来は免税されているはずなのに、あえて自ら課税事業者になる。つまりは、免税事業者を自ら課税事業者になるように仕向けるのが、インボイス制度なのである。

このインボイス制度の導入で、もっとも大きな影響を受けるのは、零細の事業者である。声優、音楽業界などフリーランスの人たちがこぞって反対したのは、彼らの多くが実は売上が1000万円以下の零細事業者だったからだ。

インボイス制度というのは、つまり、これまで消費税の納税を免除されてきた零細の事業者が、消費税を納付しなければならなくなるという制度なのだ。実質的に「零細事業者への増税」とさえ言える。

たとえばウーバーイーツ（Ｕｂｅｒ Ｅａｔｓ）などの配達員も消費税を納税しなければならない可能性がある。ウーバーイーツなどの配達員も、もらった報酬には消費税が加算されているのが原則なので、その消費税分を税務署に納付しなくてはならない。

これまでは売上１０００万円以下の零細事業者にはこの納付が免除されていたので、ウーバーイーツの配達員は消費税の納税義務が免除されていたのだ。

ウーバーイーツ社側は、現在のところ「消費税の免除者であってもこれまで通りの発注を行いこれまで通りの報酬を支払う」と発表している。

だが、インボイス制度の施行以降は、ウーバーイーツ側が、配達員の消費税納税分を負担しなくてはならないのは間違いないので、ウーバーイーツ側としては、なんらかの方法でそれを回収する動きになることは否定できない。

たとえば、物価が上がっても配達員の報酬はなかなか上がらない、などである。

とにもかくにも、インボイス制度は、零細事業者に大打撃を与えることは間違いないのだ。つまり、国は税収確保のために、零細事業者に対しての実質的な大増税を行ったのである。

インボイス反対運動を報じなかった朝日新聞

このインボイス制度の導入を、当初から推奨し続けてきたのが朝日新聞なのである。

1991年10月4日の「消費税、欠陥是正は道遠し」と題された社説でも、「ECの付加価値税は、……「仕送り状（インボイス）」方式を使っている。その利点は、消費者が負担した税金が、より確実に国庫に入ることだ」と述べている。

そして朝日新聞は、インボイス制度の導入を30年以上にわたり、働きかけたのだ。

インボイス制度については、フリーランスの団体などは早くから反対運動を行ってきたが、メディアで報じられることはほとんどなかった。そのため、急にインボイス制度が導入された印象がある。

これは朝日新聞をはじめとした大手メディアの多くが、インボイス制度に賛成してきたからなのである。

メディアがインボイス制度の負の部分をまったく報じてこなかったので、このような下請イジメの制度が平気で導入されてしまったのだ。

零細事業者の免税制度は、世界各国で導入されている。ヨーロッパ諸国でも多くの国が免税制度を持っている。

ヨーロッパ諸国だけではなく、世界でもっとも財政が悪化しているスリランカでさえ、免税制度があるのだ。スリランカという国は２０２２年に財政破綻をし、現在ＩＭＦの支援を受けている。スリランカの消費税（付加価値税）は、財政悪化の影響で、２０２２年９月に12％から15％に（２０２４年１月から18％に）引き上げられた。

だが、スリランカでは、年間売上８０００万ルピー以下の中小企業には、付加価値税の納税が免除されている。

８０００万ルピーというのは、日本円で約３３００万円である（２０２２年）。この免税制度により、個人商店などのほとんどは消費税の納税を免除されているのだ。

このように世界でもっとも財政事情が悪い国でも、低所得者や零細事業者に配慮がなされているのだ。

日本の消費税は、ダイヤモンドとトイレットペーパーに同じ税率を課している上に、零細事業者への配慮もまったくない。まさに「格差社会いらっしゃい」という税金なのだ。

消費税は大企業と高額所得者の減税に使われた

このように、低所得者や零細事業者をいじめ抜いている消費税。この消費税は、社会福祉のために使われるという建前がある。

しかし本当に、消費税が社会福祉のために有効に使われているのだろうか？

答えは否である。

消費税は、名目上は社会福祉のために使われていることになっているが、現実には大企業や高額所得者の減税の穴埋めに使われただけである。

消費税導入前は、大企業の法人税の税率は約40％だった。しかし、現在は、約23％である。おおよそ半減の大減税である。

大企業の法人税率40％というと、非常に高いように思われるかもしれない。しかし、法人税というのは、利益に対して課せられるものである。つまり儲かった企業にしか課せられないのだ。しかも日本の場合は、税法にさまざまな抜け穴があり、税率40％といっても、実質は30％くらいだったのだ。

また、日本企業が一番元気のよかったバブル期まで、日本企業はこの40％の税金を払っていたのだ。つまり、40％の法人税を課せられても、企業活動にはなんら影響がないどころか、むしろ最高に調子がよかったのだ。

しかし大蔵省（当時）は、この日本経済を活性化させていた税制を大幅に変更し、消費税の導入とともに、法人税の大減税を行ったのだ。

この法人税の大減税によって、税収はどのくらい減ったのだろうか？

２０２２（令和４）年の法人税の税収は約15兆円であり、１９８９（平成元）年は約19兆円だった。が、現在、日本の法人の経常利益は、１９８９（平成元）年の倍以上である。だから、当時の税率を現在の法人に課すならば、単純計算で法人税収は40兆円になるはずだ。つまりは法人税は20兆円以上の減税をされているということになる。

現在の消費税の税収が22〜23兆円なので、この法人税の減税分とほぼ同じである。

つまり、法人税の減税分を消費税がほぼ賄っているということになる。

思い起こしてほしい。

消費税は「高齢化社会対策の財源が必要」ということで、導入されたはずだ。もし、「高齢化社会対策の財源が必要」だったのなら、なぜ法人税をこんなに減額したのか？　ということである。

消費税は、高齢化社会対策の財源に充てられたことなどほとんどなく、大企業の法人税減税の穴埋めに使われただけなのだ。

また高額所得者の税金も、消費税導入以降、大幅に下げられた。

高額所得者の所得税は、消費税導入前年の1988（昭和63）年までは、最高60％だった。が、現在の高額所得者の最高税率は45％である。しかも、現在、配当所得の税率は15％程度なので、株主配当収入の大きい超富裕層などは、サラリーマン1年生よりも税率が低いというような現象さえ起きている。現在の日本には年収1億円の壁というのがあり、年収1億円を超えれば実質税負担率がどんどん安くなるのである。

高額所得者の減税分は、少なく見積もっても5兆円程度はある。

つまり、大企業の法人税と高額所得者の所得税は、消費税収を超えるほどの大減税をされているということだ。逆に言えば、大企業や高額所得者の税金をバブル期のレベルに戻せば、消費税はいつでも廃止できるのだ。

バブル期は、今よりもはるかに景気のいい時代だったが、それは、大企業や高額所得者が今よりはるかに税金を払っていたから成り立っていたのである。

持っている者がきちんと税金を払う、というのが、社会を活性化させ豊かにする基本なのだ。日本は、その逆の政策をこの30年とってきた。それが、現在の衰退日本を招いたのである。

急速に進む日本の格差社会

昨今の日本は、急速な勢いで社会が格差化している。

実は、この格差社会化に、消費税が大きく関係しているのだ。低所得者や零細事業者に増税をし、大企業に大減税をすれば、格差社会になるのは当たり前である。

日本の格差社会化の原因のすべてが消費税だとは言わないが、大きな要因のひとつであることは間違いない。

「日本は格差社会化している」

と言われても、国民の多くはあまりそれを実感していないと思われる。

日本には、スラム街のような貧困者ばかりが暮らす地域はほとんどない。また路上生活者が目立って増えているわけでもない。昔のような、明らかな貧困者というのは社会の中にあまりいないし、ほとんどの人が普通に生活しているように見えるので、貧富の差が感じられないのである。

しかし、毎日働いているのに食うだけで精いっぱいの人、家が苦しいので進学をあきらめた人、お金が足りないので二人目の出産をあきらめた人などは、確実に増えているのだ。

また、いよいよ生活が立ち行かなくなり、自殺を選択する人も増えている。つまり、貧しい人、生活に困っている人は、社会の中で隠れてしまっているのだ。

順位	国名	貧困率(%)
1位	イスラエル	20.9
2位	メキシコ	20.4
3位	トルコ	19.3
4位	チリ	18.0
5位	アメリカ	17.4
6位	日本	16.0
7位	スペイン	15.4
8位	韓国	14.9
9位	オーストラリア	14.5
10位	ギリシャ	14.3
17位	イギリス	9.9
25位	フランス	7.9

OECDにおける相対的貧困率(34か国中)
ワースト10位

出典：2014 OECD FAMILY DATABASE
内閣府「平成26年版 子ども・若者白書、第3章 成育環境 第3節 子どもの貧困」より

右の表は、OECD34か国における相対的貧困率である。

相対的貧困率というのは、その国民の平均所得の半分以下しか収入を得ていない人たちがどのくらいいるかという割合である。

たとえば、国民の平均所得が500万円の場合は、250万円以下で生活している人がどのくらいの割合で存在するか、という数値である。

相対的貧困率は、そのまま貧困者がどれだけいるかという数値ではない。相対的な貧困率なので、その国の平均所得の多寡によって貧困具合は変わってくる。

けれども、「どれだけ格差が大きいか」ということを知る上では重要な指標となる。

また、日本の場合、昨今、国民の平均所得はＯＥＣＤの中でも下の方に属するので、相対的貧困率が高いということは、絶対的貧困率もかなり高いということになる。つまりは、貧困層が急激に増えているということである。

日本より相対的貧困率が高い国は、紛争が絶えないイスラエルや、たくさんの民族が共存している他民族国家ばかりである。

多民族社会というのは、どうしても貧富の差が生まれやすい。先に住んでいた民族や経済力のある民族と、後からきた民族などでは経済格差があるのは当たり前だからだ。日本のように、ほとんど単一民族でこれほど貧富の差が激しい国というのは稀である。

かつての日本はそうではなかった。

ほんの30年前、90年代前半までの日本は、一億総中流とも言われ、「貧しい人がない社会」をほぼ実現していたのだ。とびぬけた金持ちはそれほどいないけれど、国民のほとんどが、そこそこ豊かな生活ができる国だった。

しかし90年代後半から坂道を転がり落ちるように、格差が広がり、現在では世界でも有数の激しい格差社会となった。

世界有数の個人金融資産

その一方で、現代日本では超富裕層が激増している。

しかし、多くの国民はそれに気づいていない。日本では、都心部に広大な邸宅を持ったり、何人も家人を雇っているような「見るからに金持ち」という人はあまりいない。

しかし、日本の富の多くを、一部の人たちが握りつつあることは、データ上、間違いがないことなのである。

次ページの表は、3000万ドル以上の資産を持つ人の数の国別ランキングである。3000万ドルというと、日本円にして40億円程度の資産を持つということになる。超富裕層と言えるだろう。

日本は、この超富裕層の人口が中国に次いで世界第3位である。アベノミクス以降、円安が続いており、円換算での資産価値は減り続けているにもかかわらず、これほど多くの超富裕層が日本には存在するのだ。

しかも日本は近年この超富裕層が激増しており、2017年からの3年間だけでも20%

近くも増加している。

　また日本銀行の統計によると、２０２３年の時点において、個人金融資産は２１００兆円を超えたという。

　これは、生まれたばかりの赤ん坊から１００歳を超える老人まで、すべての日本人が一人あたり平均約１６００万円の金融資産を持っている計算になる。

　家族四人だったら、家族で６０００万円以上の金融資産を持っていることになる。

　あまり知られていないが、日本の個人金融資産というのは、バブル期以降激増しているのだ。バブル期の１９９０年の段階では、個人金融資産は１０１７兆円だった。が、現在は２１００兆円以上に達している。30数年の間に、倍増しているのだ。

順位	国名	超富裕層人口
1位	アメリカ	101,240人
2位	中国	29,815人
3位	日本	21,300人
4位	ドイツ	15,435人
5位	カナダ	11,010人
6位	フランス	9,810人
7位	香港	9,435人
8位	イギリス	8,765人
9位	スイス	7,320人
10位	インド	6,380人

3000万ドル以上の資産を持つ「超富裕層人口」の
国別ランキング（2020年）

出典：World Ultra Wealth Report 2021

しかも、この30年というのは、日本経済は「失われた平成時代」とさえ呼ばれる苦しい時代のはずだった。

あなたは、このことに違和感を持たないだろうか？

自分は、そんなお金は持っていないと。

もちろん、そうである。この個人金融資産の大半は、一部の富裕層に集中しているのである。つまりは、富裕層が増加し、その富裕層へのお金の集中が起きているということである。

金持ち激増を隠蔽する

日本で金持ちが激増していることに、国民があまり気づいていない理由のひとつに、「長者番付の廃止」がある。

以前、日本には「高額納税者公示制度」というものがあった。これは「長者番付」と呼ばれていたもので、毎年、春に発表されていた。芸能人やスポーツ選手などの長者番付も発表され、春の風物詩的なものにもなっていた。

この長者番付は、２００６年に廃止された。２００６年というのは小泉内閣の時代だが、日本社会で格差が見え始めたころだった。

この高額納税者公示制度というのは、毎年１０００万円以上の納税額がある人は、その氏名と納税額を税務署に公示するというものだ。

納税額が公表されるわけなので、全国でその一覧を集めれば、分野別の高額納税者もわかる。それをマスコミが、各分野の高額納税者を集計して発表するのが長者番付というわけだ。

なぜ高額納税者が公示されていたのか、というと実は脱税を防ぐためだったのだ。

長者番付を発表して市民から「あの人は、相当稼いでいるのに、長者番付に載っていない」という密告をしてもらおうということである。

そして、なぜ廃止されたのかというと、高額納税者公示制度は住所地が公示されるので、犯罪に巻き込まれる危険がある、ということだった。

しかし、この理由には無理がある。

住所が特定されて危険というのであれば、住所地は公表せずに、国税庁が全国まとめて公示すればいいだけだ。

長者番付制度は、どれだけ稼いでいるのか世間に公表されるわけなので、脱税だけではなく、金持ちの経済姿勢に対する強いけん制になっていた。

財務省にとっては、税収を増やす手段でもあった長者番付を、なぜ廃止してしまったのか？

それは、格差を隠すことが最大の理由だと考えられる。消費税などの影響で、日本がどんどん格差化していくと、財務省は批判にさらされることになる。そのため、先手を打って、金持ちが増えていることを世間に見えにくくしたのだ。

そして、もうひとつ大きな理由がある。

それは、財務省キャリア官僚たちの天下りの実態を隠すということである。

前述したように、財務省キャリア官僚たちは天下りをすることで、たった数年で数億円を稼いでいる。所得税1000万円以上を公示されるとなると、彼らも公示されてしまう。財務省キャリア官僚OBが、天下りで巨額の報酬を得ていることが世間にばれると、世間から叩かれることになる。

だから彼らはそれを防ぐために、長者番付を廃止したのではないかということだ。実際に長者番付が廃止されて以降、財務省キャリア官僚の天下りはさらにひどくなり、報酬も上がったと見られている。

国会やメディアは財務省キャリア官僚の天下りの実態を、早急に調査する必要があるはずだ。

消費税が少子化問題を悪化させた

また消費税は、「少子高齢化」を加速させた要因のひとつでもある。

消費税は、平成元（1989）年に導入され、この30年の間にたびたび増税されてきた。少子高齢化が進んでいくのと時期的にリンクしている。

それは理論的に見ても、当たり前なのだ。

消費税というのは、収入における消費割合の高い人がもっとも打撃を受ける税金である。では、収入における消費割合の高い人というのは、どういう人かというと、所得が低い人や子育て世代ということになるのだ。

人生のうちでもっとも消費が大きい時期というのは、大半の人が「子供を育てている時期」のはずだ。そういう人たちは、必然的に収入に対する消費割合は高くなる。

子育て世帯に対しては、「児童手当を支給しているので負担は軽くなったはず」と主張する識者もいる。

しかし、この論はまったくの詭弁である。

児童手当というのは、だいたい一人あたり月1万円、年にして12万円程度である。

その一方で、児童手当を受けている子供は、税金の扶養控除が受けられない。そのため、平均的なサラリーマンで、だいたい5～6万円の所得税増税となる。それを差し引くと6～7万円である。つまり、児童手当の実質的な支給額というのは、だいたい年間6～7万円しかないのだ。

しかも、子育て世代には、消費税が重くのしかかる。

子供一人にかかる養育費というのは、年間200万円くらいは必要である。食費やおやつ、洋服代、学用品などの必需品だけでも平均で200万円くらいにはなるのだ。ちょっと遊びに行ったり、ちょっとした習い事などをすれば、すぐに2～300万円になる。

子供の養育費が200万円だとしても、負担する消費税額は概算で20万円である。児童手当では、まったく足りないのだ。

つまり子育て世代にとって、児童手当よりも増税額の方がはるかに大きいのである。

少子高齢化を食い止めるためには、子育てがしやすいように「支給」しなければならないはずなのに、むしろ「搾取」しているのである。

日本の国家予算は子供に使われていない

消費税が少子高齢化対策などには使われていないことは、データにも如実に表れている。

下の表は、先進主要国の家族関係の社会支出のＧＤＰ比である。

家族関係社会支出とは、児童手当や就学前児童への給付、各種社会保障、社会福祉などへの支出のことである。つまりは、「少子高齢化対策費」とほぼ同じ意味である。

これを見ると、日本は自己責任の国アメリカよりは高いが、ヨーロッパ主要国に比べると、かなり低いことがわかるはずだ。

実は、少子高齢化というのは、日本だけの問題ではなく、多くの先進国が抱える問題でもあった。

「女性の高学歴化が進んだ社会は少子化にな

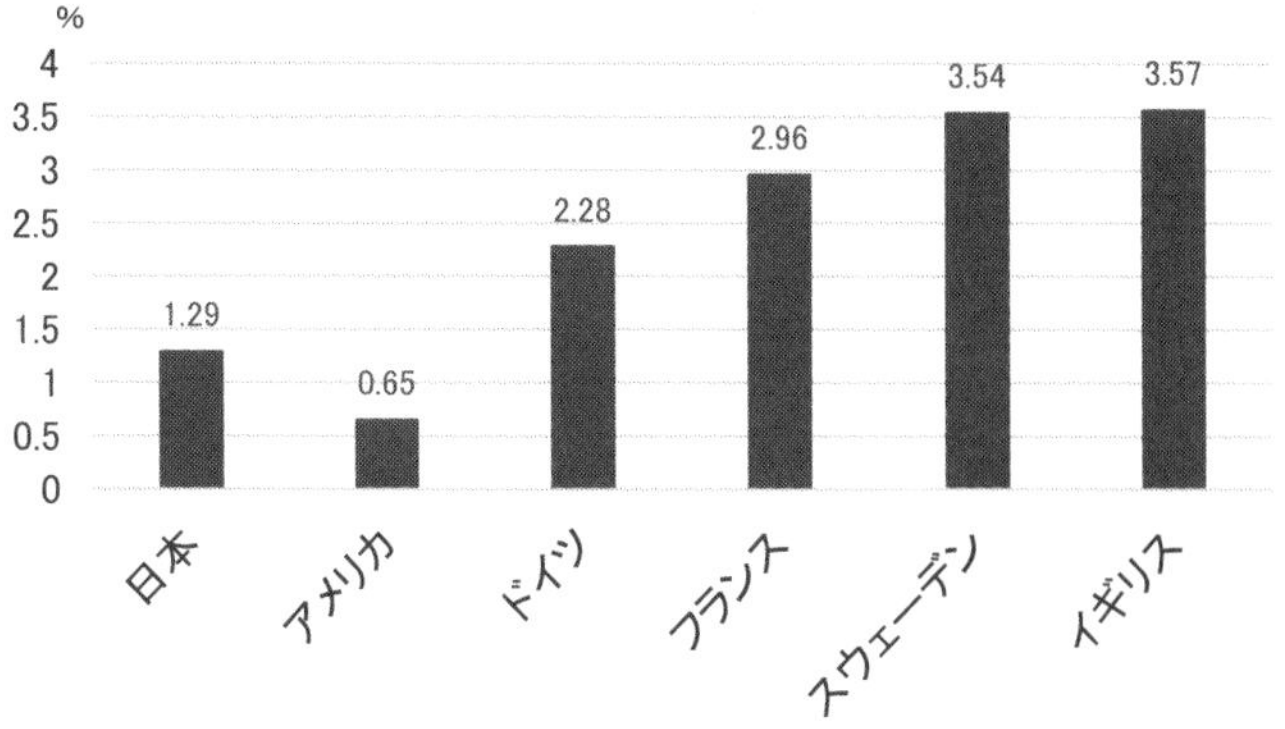

先進主要国の家族関係社会支出（GDP比）
出典：国立社会保障・人口問題研究所「社会保障費用統計」2016年版

る」

ということは、かなり前から欧米のデータで明らかになっていた。

そして、欧米では、日本よりもかなり早くから少子高齢化の傾向が見られていた。日本の少子化というのは1970年代後半から始まったが、欧米ではそのときにはすでに、かなり深刻な少子化となっていたのだ。

そして1975年くらいまでは、欧米の方が日本よりも出生率は低かった。つまり、40年以上前から少子高齢化というのは、先進国共通の悩みだったのだ。

しかし、ヨーロッパ主要国は少子化を食い止めるためにそれなりにお金と労力をかけた。そのため欧米諸国のほとんどは、1970年代の出生率のレベルを維持してきた。だから、日本ほど深刻な少子高齢化にはなっていないのだ。

1975年の時点で、日本の出生率はまだ2を少し上回っていた。

フランスは日本より若干高いくらいだったが、イギリスもアメリカもドイツも日本より低く、すでに出生率が2を下回っていたのだ。

しかし、フランス、イギリス、アメリカは大きく出生率が下がることはなく、現在は出生率は2に近くなっている。

一方、日本は70年代から急激に出生率が下がり続け、現在は1・2を切っている。もちろん、出生率が2に近いのと、1・2以下とでは、少子高齢化のスピードがまったく違ってくる。

なぜ先進国の間でこれほどの差がついたかというと、日本はこの40年の間に、子育てを支援するどころか、わざわざ少子高齢化を招き寄せるような失政をしてきたからである。

ヨーロッパ諸国は高い間接税をとっても、それをきちんと国民福祉に投じ、少子化対策も手厚く行ってきた。

しかし日本は、少子高齢化対策と銘打って消費税を徴収しているにもかかわらず、まったく少子高齢化対策には使われていないのだ。

国が教育にお金を出してくれない

また日本は、少子化対策どころか基本的な教育費についても、まともに支出していない。

次ページの表は、高等教育費（義務教育以上の教育費）に国や自治体がどれだけ費用の負担をしているかの割合である。

日本はOECD33か国の中でワースト2位であり、高等教育費の32％しか財政による支出はされていないのだ。

ＯＥＣＤの平均が66％なので、なんと半分以下である。

　またイギリスやアメリカなど欧米の場合は、寄付の文化があり、大学などの高等教育機関に寄せられる寄付金も多い。しかも、キリスト教など宗教団体が大学などを運営しているケースも非常に多い。そのため純然たる家計による支出というのは、かなり抑えられているのだ。

　日本の場合は、寄付の文化もなく、宗教団体運営の大学なども少ないので、国が負担しなければ、それはすぐさま家計による支出の増大に結びつく。

　日本は大学進学率が先進国の中で低い部類に入っているが、その要因のひとつに、この公的負担の少なさが挙げられるのだ。

順　位	国　名	負担率(%)
1位	ノルウェー	96
2位	オーストリア	94
3位	フィンランド	93
4位	ルクセンブルク	92
5位	アイスランド	89
24位	イタリア	62
27位	カナダ	49
29位	韓国	36
30位	アメリカ	35
32位（ワースト2位）	日本	32
33位	イギリス	25
OECD平均		66

OECD・高等教育費の財政負担率（33か国）

出典：『図表でみる教育　OECD インディケータ（2018 年版）』明石書店より

高等教育への公的負担の少なさは、日本の大学教育に大きな影響を与えている。近年、日本の大学の授業料は高騰しているのだ。

国立大学の授業料は、昭和50年には年間3万6000円だった。しかし、平成元年には33万9600円となり、平成17年からは53万5800円にまで高騰している。

40年の間に、15倍に膨れ上がったのだ。バブル期の大学生と比較しても、現在は約2倍である。

この授業料の高騰のため、大学に行けない若者が激増している。

また大学に行くために、多額の借金をする若者も増えている。現在、五〇万人以上の大学生が「有利子の奨学金」を受けて学校に通っているのだ。この「有利子の奨学金」というのは、奨学金とは名ばかりで、実際はローンと変わらない。厳しい返済の義務があり、もし返済を怠れば、法的措置さえ講じられる。

この「有利子の奨学金」を受けている五〇万人以上という数字は、大学生全体の約5分の1である。彼らは大学卒業時には、数百万円の借金を抱えていることになる。

日本は巨額の税金を一体何に使っているのだ、ということである。

共働きでも子供二人を育てられない国

日本の少子高齢化は、「若者のライフスタイルが変わった」ということが原因だという学者も多い。確かに、若者のライフスタイルが変わったことも、少子化の一因ではあるだろう。が、その前に、若者の経済力が近年、大きく減じていることから目をそらしてはならない。

1980年代まで日本では、夫婦共働き世帯よりも、妻が専業主婦をしている世帯の方が多かった。しかし、1991年を境に夫婦共働き世帯の方が多くなり、今では夫婦の3分の2が共働きである。

しかも、これだけ共働きの夫婦が増えているにもかかわらず、子供二人を持てない夫婦が激増している。

公益財団法人「1 more baby 応援団」の、既婚男女3000名に対する2018年のアンケート調査では、子供が二人以上欲しいと答えた人は、全体の約7割にも達している。しかし、74・3%の人が「二人目の壁」が存在すると回答しているのだ。

「二人目の壁」というのは、子供が一人いる夫婦が、本当は二人目が欲しいけれど、経済的な理由などで二人目をつくることができないということだ。

サラリーマンの給料は、この20年で10ポイントも下がっているのに、消費税増税や社会保険料の負担増が続いている。それは若い夫婦の生活を直撃し、それが少子化の大きな要因になっているのだ。

夫婦がまともに働いているのに、子供二人を育てられないなどという国は、世界中探してもそうあるものではない。日本は、世界でも稀な「子育て地獄の国」になってしまったのだ。

これも、消費税導入以降のことなのである。

子供の貧困率は先進国で最悪

日本の子育て世代が、経済的に苦しいということは、データにも明確に表れている。信じられない人も多いかもしれないが、日本の子供はＯＥＣＤの中で最低レベルの貧しさなのである。

次ページの表は、ＯＥＣＤ34か国における子供の相対的貧困率である。相対的貧困率というのは先述のとおり、その国民の平均所得の半分以下しか収入を得ていない人たちの割合である。

この子供の相対的貧困率が、日本はOECD34か国中ワースト10位に入っているのだ。

このデータは「相対的貧困率」とは言うものの、日本は現在、先進国の中で平均所得は低い方である。そのため、この数値が高いということは「子供の絶対的な貧困者の割合」もそれだけ多いということになる。

順　位	国　名
1位	イスラエル
2位	トルコ
3位	メキシコ
4位	チリ
5位	アメリカ
6位	スペイン
7位	イタリア
8位	ギリシャ
9位	ポルトガル
10位	日本
19位	フランス
23位	イギリス
24位	韓国

OECDにおける子供の相対的貧困率（34か国中）ワースト10位

出典：2014 OECD FAMILY DATABASE
内閣府「平成26年版 子ども・若者白書、第3章 成育環境 第3節 子どもの貧困」より

一人親世帯にしわよせが来る消費税

日本は子供の相対的貧困率も高いが、それ以上に「一人親世帯」の相対的貧困率が高い。

次ページの表は、OECD33か国における「一人親世帯」の子供の相対的貧困率である。

ご覧のように、このランキングでは日本はワースト1位なのである。

一人親世帯というのは、両親がいる世帯よりもどうしても収入が低くなる。

それは、どこの国も同じことである。そして、どこの国も一人親世帯に対しては、収入の援助をするなどの手当をしている。

しかし日本は、福祉がまったく足りていない上に、消費税という子育て世代に重くのしかかる税金を課している。そのため、日本の一人親世帯は他国に比べても苦しい状況に置かれている。

それが、国際データにもはっきり表れているのだ。

順位	国名
1位	日本
2位	チリ
3位	イスラエル
4位	アメリカ
5位	オーストラリア
6位	ルクセンブルク
7位	カナダ
8位	スペイン
9位	トルコ
10位	イタリア
26位	フランス
29位	イギリス

※韓国は含まれず

OECDにおける一人親世帯の子供の相対的貧困率（33か国中）ワースト10位

出典：2014 OECD FAMILY DATABASE
内閣府「平成26年版 子ども・若者白書、第3章 成育環境 第3節 子どもの貧困」より

待機児童問題が解決した恐ろしい理由

消費税が、少子高齢化対策などには使われていないことは、「待機児童問題」を見ても

明白である。

日本では、長い間、「待機児童問題」が社会問題になっていた。

待機児童というのは、保育園に入りたくても枠がなくて入れない子供たちのことである。

2016年には、保育所の入園選考に落ちた保護者が「保育園落ちた日本死ね」とSNSで投稿したことでも話題になった。

この待機児童問題が、近年、ほぼ解消していることをご存じだろうか？

2017年には二・六万人もいた待機児童が、2022年4月の時点で二九四四人にまで減少した。

これについてマスコミは、「受け入れ施設が充実したことが要因」などと述べている。

けれども、実は、この待機児童の減少には、とんでもない理由があるのだ。

現在、待機児童問題が解消しつつあるのは、マスコミが言うような「受け入れ施設が充実したから」などではない。もっと単純な理由であり、誰もが簡単に確認できる数理的な理由からである。

ざっくり言えば、単に「子供の数が減ったから」なのだ。

日本の出生数は、90年代までは一二〇万人を維持していたが、2000年に一二〇万人を切った。さらに2010年代には減少が加速し、2010年は一〇七万人、2016年には一〇〇万人を切って九八万人となったのだ。

待機児童が問題になった２０００年代以降、急激に出生数が減少していた。

この20年で20％以上減少したわけだ。

子供の数が20％も減少したのだから、待機児童問題も解消するはずだ。別に政治のおかげでも何でもない。


待機児童問題の最盛期の２０１７年度の予算で、安倍内閣が保育士の待遇改善のために支出した額は、わずか４９２億円だった。安倍内閣に限らず、他の歴代内閣も、待機児童問題に投じた予算は、この程度だった。

実は待機児童問題など、２０００億円も出せば簡単に解決したのだ。２０００億円も出せば保育所は２０００か所くらいつくれるので、待機児童問題など簡単に片付いたのである。

２０１７年度予算は全体１００兆円近いので、２０００億円はそのわずか０・２％である。その程度のお金を出すくらい、どうにでもなったはずだ。

実際に、この年は公共事業費だけで約６兆円が予算計上されているのだ。

子供を預ける場所がなく、困っている若い夫婦が大勢いる中で、それを助ける前に、道路やダムなどの公共事業に巨額の予算を使っているのだ。

少子高齢化がこれほど進んだ日本で、育児支援よりも優先してやらなければならないことなど、そうそうなかったはずだ。本気で待機児童問題を解決しようと思えば、政府はそのくらいのお金は、いつでも出せたのだ。

「消費税が少子高齢化のために使われている」などというのは、詭弁も甚だしいのである。

OECDに消費税引き上げ勧告をさせる財務省の悪知恵

この日本衰退の元凶のような消費税を、こともあろうに財務省はさらに引き上げようと画策している。

財務省は最初から「消費税を税収の柱に置く」ということを目標にしていた。それは最近の話ではなく、「大型間接税の導入」を計画していた当初からの目標なのである。

現在、日本の消費税は10%だが、財務省はさらなる増税を画策している。26%程度まで引き上げようと考えているのだ。

これまで見てきたように財務省は、国民生活のことなどは一切考慮しない。ただただ消費税が自分たちに都合のいい税金だから、消費税を上げようとしているのだ。財務省の影のスポンサーである経済界が、消費税の増税を望んでいる。だから、財務省はありとあらゆる手を使って消費税の増税を行ってきた。

電通を使って大掛かりな喧伝をしたことは、前述したとおりである。

だが、財務省の悪知恵はそれだけにとどまらない。

なんと国際機関を使って、日本の消費税の増税を行おうとさえしているのだ。

以下のロイター通信の記事を読んでほしい。

消費税最大26％まで引き上げを＝OECD対日報告

経済協力開発機構（ＯＥＣＤ）が15日公表した対日経済審査報告書は、日本経済の人口減少に対して警鐘を鳴らし、プライマリーバランス（財政の基礎的収支）を黒字化するためには消費税率を最大26％まで引き上げる必要があると指摘した。（中略）

同日都内の日本記者クラブで会見したグリア事務総長は「消費税率の10％への引き上げは不可欠」と指摘し、その後も「徐々に税率を引き上げることが財政改善につながる」と強調した。

報告書は日本経済について、2050年までに人口が1億人程度まで減少することに伴う高齢化と債務拡大という長期の課題に直面しているとし、財政持続性を担保する具体的な計画を示すべきと指摘。税収拡大の手段として主に消費税が望ましいとしている。消費税のみにより十分な水準の基礎的財政黒字を確保するためには、税率を20－26％まで引き上げる必要があるとしている。今年10月に予定されている10％への引き上げの影響は、各種対策の効果によって2014年の増税より大きくないとしている。

（「ロイター通信」2019年4月15日配信）

これを読むと普通の人ならば、「OECDまでが日本の消費税の引き上げを勧告しているのだから、やはり日本は消費税を上げるべきなのだろう」と思ってしまうだろう。それが、財務省の狙いなのだ。

ところが、このOECDの勧告というのは、「国際世論」などでは決してない。

OECDは、これまでも何度か日本に対し消費税引き上げの勧告をしている。2018年にも事務総長が、日本に消費税の19％までの引き上げを勧告している。

が、実は日本の財務省はOECDに対し、強い影響力を持っているのだ。日本のOECDへの拠出金はアメリカに次いで第2位であり、拠出金全体の9％も負担している。

そして、ＯＥＣＤ内の事務方トップであるＯＥＣＤ事務次長には、日本の財務省出身の武内良樹氏が就任している（２０２1年9月15日）。しかもＯＥＣＤの要職には、日本人がたくさん就いている。

何のことはない、財務省が手をまわして、ＯＥＣＤに言わせているだけなのだ。

つまり、財務省は日本国内の不満を抑えるために、「国際機関から勧告があった」という形をとろうとしたのだ。

そして、このＯＥＣＤの勧告では必ず、ヨーロッパ諸国の間接税と比較される。日本の消費税はヨーロッパ諸国に比べて低いという結論に持っていこうとするのだ。

だが、前述したようにヨーロッパ諸国は、生活必需品の税率は非常に低く抑えているし、低所得者に対して、所得補助や住宅補助などの手厚い支援を行った上で、消費税を課している。

そういう支援がまったく充実していない日本に、消費税だけを導入しようとするのは、無理な話なのだ。

そのような「総合的な検討」がまったくなされずに、ただただ消費税を引き上げろというのは、非常に乱暴な話だ。

本来、国際機関がこんな暴論を押し付けてくるはずは絶対にないのだ。

また本来、国際機関が日本の消費税などにそれほど強い関心を持つことはない。というより、国際機関が一国の税制に口出しすることなどは、普通はできないはずなのだ。そういうことは「内政干渉」であり、普通の独立国の政府であれば、猛反発するはずだ。

ところが、日本政府は反発するどころか、それを錦の御旗のようにして、消費税増税の根拠としようとしているのだ。

もはや財務省は、日本を滅ぼすために存在していると言える。

欧米は日本の消費税をバカにしている

OECDは、日本に消費税の増税を勧告しているが、本当は欧米諸国は日本の消費税のことをどう思っているか？

実際のところは、欧米諸国はどこも日本の消費税などにそれほど関心は持っていない。他国の税制にそれほど関心などないのだ。

だが、アメリカの新聞が2019年に日本の消費税についての記事を書いているので、それをご紹介したい。

2019年4月5日付のアメリカの大手新聞であるウォール・ストリート・ジャーナル

は、日本で同年10月に税率が引き上げられる消費税について、

「安倍晋三首相は増税によって、景気を悪化させようと決心しているように見える」

と揶揄する社説を掲載した。

この社説では、

「現在の日本の経済指標はさえない内容」

「日本経済は中国や欧州など世界経済の減速の影響を受けやすい」

と指摘している。

またアベノミクスの「第3の矢」とされる成長戦略は「全く始まっていない（効果が見られない）」と断じている。

そのため安倍氏にとって「増税は自傷行為になろう」と皮肉ったのだ。

ウォール・ストリート・ジャーナルは、もちろん日本の資本などは入っていないし、日本の思惑などはまったく気にすることなく、自由に発言できる立場にいる。

そして、アメリカを代表する報道機関でもある。

このウォール・ストリート・ジャーナルの社説こそ、欧米諸国が日本の消費税に対して感じている本音にもっとも近いものだと思われる。

消費税は不景気をもたらす

何度か触れたように財務省がなぜ消費税にこれほど固執するかと言うと、天下り先の大企業のためである。

大企業の経営者の集まりである経済団体は、かねてから消費税を推奨してきた。特に経団連は、消費税導入とその後の税率アップを執拗に働きかけてきた。これは別に秘密裏に行われていたものではない。

経団連は、活動指針の中に、「消費税の増税を働きかける」としっかり明記しているのだ。そして政官界に、積極的に消費税増税の圧力をかけてきた。

たとえば、２０１８年の10月に、安倍首相が消費税の増税にゴーサインを出したときには、経団連は会長コメントとして次のような声明を発表している。

「社会保障制度の持続可能性の確保および財政健全化のために消費税率の引き上げは不可欠である。今般の安倍総理の引き上げ表明を歓迎する」

経団連が、真に国民のため、日本の将来のためを思って、消費税を推奨してきたのかと言うと、まったくそうではない。自己の利益のためだけに、消費税の増税を働きかけてきたのだ。

経団連の狙いとは、消費税を増税させることによって法人税を下げさせようということなのである。

消費税が導入され税率が上げられるたびに、法人税の税率が下げられてきたことは前述した。それは、経団連の強い働きかけによるものなのだ。

「消費税を上げて、法人税を下げる」

とはどういうことか？

法人税というのは、「儲かっている企業」に対して、「儲かっている部分」に課せられる税金である。

一方、消費税というのは、国民全体が負担する税金である。

「消費税を上げて、法人税を下げる」ということは、「儲かっている企業の税負担を減らし、その分を国民全体に負担させる」ということなのである。

「儲かっている企業」の集まりである経団連にとっては、万々歳のことである。自分たちの負担を減らし、それを国民に押し付けるのだから。

しかしこれは、日本経済を窮地に追い詰めるものだった。

「儲かっている企業の税負担を減らし、その分を国民に負担させる」

ということは、決して日本経済の実情に合っていない。

バブル崩壊以降、日本でのサラリーマンの平均賃金は下がりっぱなしである。そういう中で、消費税を上げるとどうなるか？

国民の生活は苦しくなる。もちろん景気は悪くなる。当たり前といえば当たり前の話なのだ。

自分の首を絞めた経団連

消費税は、国内消費を減らす圧力のある税金である。

消費に対して税金がかかるのだから、当然といえば当然である。これまで自分の消費に１００万円を使っていた人がいたとする。これに消費税10％が課せられれば、１００万円のうち９万円は消費税として取られるのだから、実質的な消費額が91万円ということになる。

これは単に理論的にそうなっているだけではなく、現実にもそうなっている。

総務省の「家計調査」によると、２００２年には一世帯あたりの家計消費は３２０万円をこえていたが、２０１９年は２９０万円ちょっとしかない。

先進国で家計消費が減っている国というのは、日本くらいしかない。

その結果、国内消費（国内需要）は減り続けることになる。これでは景気が低迷するのは当たり前である。

国民の消費が減れば、企業の国内での収益は当然下がる。

国内の消費が10％減っているということは、国内のマーケットが10％縮小するのと同じことである。企業にとっては大打撃である。

しかも、日本の消費は消費税導入以来、低迷しっぱなしなのだ。

国内消費（国内需要）が減り続けているということは、企業は収益を維持するためには必然的に海外で稼がなくてはならなくなる。

しかし日本はこれまでずっと輸出大国だったし、巨額の経常黒字を積み上げてきた。中国をはじめアジア諸国などの競争相手も増えてきており、これ以上輸出を増やすのは至難の技なのだ。また、もしこれ以上、輸出を増やすことになれば、アメリカなど世界中から非難を浴びることになる。

実際に、海外進出が仇となって、衰退した日本の産業や日本企業は数えきれないほどある。たとえば、東芝である。

東芝と言えば、かつては日本を代表する家電メーカーだった。が、中国進出によって、中国のメーカーの成長を促すことになり、白モノ家電部門はかつての下請け企業だった中国メーカー「美的集団」に買収されてしまった。またアメリカの原子力発電事業に無理に参入したために、アメリカ企業らの妨害に遭い、大損害を被ってしまった。

その結果、東芝グループは上場廃止にまで追い込まれてしまったのである。

東芝の没落は、日本経済の衰退を象徴するものでもある。

それは、せんじ詰めれば、日本国内の消費低迷が招いたことであり、消費税導入による大きな帰結のひとつなのである。

経団連などの経済団体は、長年、消費税を推奨してきたが、消費税というのは、最終的には大企業の首をも絞める税制だったのだ。

消費税は国民生活を苦しめる

←

国内消費が減る

←

企業の国内売上が減る

←

無理な海外進出をして失敗する

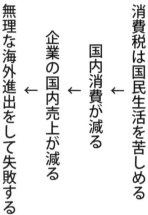

第6章

日本を壊す
二匹の怪物

日本国憲法のシステムエラー

「財務省の権力の肥大化」は間違いなく、現代日本の衰退の大きな要因となっている。

そして、財務省の権力が肥大化したのは、日本特有の国家予算の決め方が大きく影響している。

前述したように、日本の国家予算は、すべて一から国会の審議を経て決められることになっている。あらかじめ一定の予算配分があるわけではなく、毎年すべて一から決められるという建前になっている。

この非現実な予算策定方法は、財務省を肥大化させたばかりではなく、巨大な税金の無駄遣いを生んでいる。

というのも、「あらかじめ一定の予算配分がなく、すべて一から決められる」のであれば、無駄な予算をねじ込む余地が大きいことになるからだ。

国会ですべて一から予算を決めるので、政治家が自分の判断で新たな公共事業を計画し予算計上するというようなことが容易に行われるようになったのだ。

財務省の官僚たちも、建前の上では、国会議員が予算を審議することになっているので、政治家のゴリ押しの公共事業を無視するわけにはいかない。特に有力な政治家が計上してきた予算は優先的に配分されることになる。

その結果、日本では公共事業が膨れ上がった。

特に90年代前半にはGDPの6％を超える年もあったのである。防衛費の5倍近い税金が公共事業に投じられていたのだ。

この公共事業は、さすがに「多すぎ」として社会的に厳しく非難され、2000年代の中ごろからは大幅に削減された。それでも、公共事業予算は今でも先進国の中で断トツに多い。

フランス、イギリス、ドイツ、アメリカは、GDPに占める公共事業の割合は2％台だが、日本は3・7％もあるのだ。

地方に行くと、人影もまばらな駅の周辺が非常に立派に整備されているのを目にしたり、車がめったに通らない場所にすごく立派な道路があったり、さびれた街並みに突然、巨大で立派な建物が現れたりすることがある。

そういう地域には有力な国会議員がおり、その議員に群がる利権関係者がいるのだ。

政治家は、自分を支持する建設土木業者のために公共事業をもってこようとする。必然的にその業者が得意な公共事業ばかりが予算化されるのだ。道路工事が得意な事業者には道路工事を、箱モノ建設が得意な事業者には箱モノ建設を発注するという具合にである。となると、その地域には、非常に偏った公共事業ばかりが行われることになる。道路工事ばっかり行っている地域、箱モノ建設ばかりを行っている地域という具合に、だ。

政治家というのは、派手なパフォーマンスをしたがる。大きな公共事業を自分の手で成し遂げたということになれば、選挙民に大きなアピールになるからだ。そのため、わかりやすい公共事業を計画するようになる。

その結果、日本は、派手な公共事業ばかりを行うようになってしまった。

そのわかりやすい例が、四国の架橋である。

80年代後半から2000年代にかけての公共事業で、目玉的に進められていたのが、四国と本州の架橋だった。

この時期、四国と本州の間には、なんと3本の橋が架けられたのだ。もちろん、莫大な費用が生じた。

公共事業大国なのに地方の生活インフラは途上国並み

その一方、国民に本当に必要なインフラはおざなりになってきた。

たとえば下水道である。現代人にとって、生活排水は下水道によって処理されるものとなっている。それは日本だけじゃなく世界中でそういう傾向になっている。

ところが、日本の地方では下水が通じていないところがけっこうあるのだ。

現在、日本全体の下水道の普及率は70％台の後半である。ヨーロッパの普及率とほぼ同じ程度だ。だから、これだけを見ると、日本の下水道普及に問題があるようには見えない。

しかし、この日本の下水道普及率にはカラクリがあるのだ。

日本の場合、人口の4分の1が首都圏に住むという極端な人口集中がある。そして、首都圏や都心部には下水道が整備されているため、必然的に下水道普及率が上がっている。地方から首都圏に人口が流入すれば、何もしなくても、下水道の普及率（人口比）は上がるのである。

しかし、日本の場合、地方では下水道の普及率が、先進国の割に非常に低いのだ。50％を切っているところも珍しくない。

下水道がない地域では、各家庭が浄化水槽を準備しなくてはならないなど、余分な負担が大きい。

下水道の普及率で、特にひどいのは四国である。

前項で述べたように、四国には本州との間に3本もの橋が架けられたが、その一方で、四国の下水道普及率は途上国並みなのである。

四国4県のうち3県が50％を切っている。坂本龍馬の出身地として有名な高知県は、41・7％である（令和4年度末、国土交通省、以下同）。

徳島県に至っては19・3％である。なんと県民のほとんどは、下水道のない生活を送っているのだ。この数値はアフリカ並みである。広大な砂漠、ジャングルを持つアフリカ大陸と徳島県は、下水道の普及率に関する限り、ほぼ同じなのである。

他にも、鹿児島、香川などが50％を切っている。

このような地方のインフラ整備の遅れが、一極集中をさらに加速させたともいえる。もちろん、下水道だけではなく、さまざまなインフラを含めての話である。地方の人は、インフラの整っていない地元を捨て、都会に出てくるのだ。

つまり、それで地方はどんどんさびれていくのだ。

最貧国よりも災害死者数が多い日本

インフラが整っていないのは、下水道だけではない。

生活基盤の根本である「災害対策」なども、途上国並みなのだ。

「日本は世界の中でも社会インフラが整っている」

日本人の多くは、日本のインフラについてこう信じているのではないだろうか？

しかし、残念ながらそうではない。

むしろ、日本は社会インフラがボロボロで、先進国とはとても言えないほどなのだ。

日本は毎年、公共事業に多額の予算を投じており、世界有数の公共事業大国である。だから、当然、社会インフラも整っていなくてはならないはずだ。

日本は、自然災害大国ではあるが、一応、先進国でもある。自然災害における犠牲者は、世界的に見てそれほど多くはないはず、と考えている国民が多い。しかし、これも残念ながら正解ではない。日本は自然災害での犠牲者数において、世界ワースト上位につねに位置しているのだ。

世界には、インフラ整備が整っていない地域はたくさんある。南米やアフリカのスラム街など、よくこんな場所で暮らせるものだというようなところも多々ある。そういう場所で、災害が起きて大きな被害が生じたというニュースが、ときどき報じられる。

しかし、日本はそういう貧しい地域、未発展の地域をしのぐほど、毎年多くの災害の犠牲者を出しているのだ。

下の表は、WHOが発表した2011年から2015年までの人口あたりの自然災害の死者数のランキングである。残念なことに日本は世界のワースト2位ということになっている。

ソロモン、ミクロネシアなどの小島国家やカンボジア、南スーダンなど、インフラ整備が明らかに遅れている国などよりも、日本は自然災害の死亡率が高いのだ。

このWHOの報告は、2011年の東日本大震災の死者を含んでいる。

「日本は地震が多いから災害犠牲者が多いんだ」

と思って、自分を納得させている日本人も多いだろう。

だが、日本の災害犠牲者は地震だけではない。

たとえば2018年の災害死者数ランキングでは、日本は四一九人でインドネシア、イ

順　位	国　　名
1位	ネパール
2位	日本
3位	フィリピン
4位	サモア
5位	セントビンセント・グレナディーン
6位	ソロモン諸島
7位	ミクロネシア
同率 8位	ナミビア
同率 8位	ニュージーランド
同率 8位	バヌアツ

人口あたりの災害死者ランキング（2011年〜2015年）
出典：WHO世界保健統計2016年版

ンド、グアテマラに次いで4位となっている（国連国際防災戦略〈UNISDR〉）。この20年ほどは、東日本大震災の犠牲者を除いても、日本は年平均で一五〇人以上の犠牲者を出している。

人口比の犠牲者数は常に世界のワースト10の中に入っているのである。

世界の中には、インフラが整っていなかったり、環境の悪いスラム街に人口が密集していたり、日本よりももっと自然が過酷だったりする国は多々あるのだ。

いくら日本では災害が多いと言っても、そういう国々よりも犠牲者が多いというのは、やはり「おかしい」と思わざるを得ないはずだ。

地震の被害というのは、そう簡単に対処することはできない。日本の場合、どこで地震が起きてもおかしくないし、地震がいつ起きるかは、今の科学ではまだ予測ができていないからだ。だから地震の被害が大きい部分については、ある程度仕方がない部分もある（ただし、インフラ整備によって救われる部分も多々あると考えられる）。

しかし台風や大雨の被害は、努力によってかなりの部分が防げるはずだ。が、この台風や大雨の被害について、日本では適切な対処をしているとはとても言い難い。日本では毎年のように台風や大雨で、同じ地域で大きな被害を出している。

日本は世界でもまれに見るほどの巨額の公共事業を行ってきたにもかかわらず、途上国並みのインフラなのである。というより、途上国以下の部分も少なからずあるのだ。それも、政治家が、派手な公共事業ばかりを優先してきたせいである。ここにも、予算策定方法の欠陥が如実に表れているのだ。

「1円の無駄も許さない」という建前が巨大な無駄を生む

また日本の国家予算には「1円の無駄も許さない」という、超非現実的な建前がある。この建前が、結果的に巨大な税金の無駄遣いを生んでいるのだ。

各省庁は、計上した予算が付いたら、必ずそれを使ってしまわなければならない。予算を残すと、「無駄な予算を計上した」ということになり、次の年は予算を削られてしまうからだ。官庁にとって、予算を残すことは絶対悪なのである。

しかも予算は、「1円たりとも残してはならない」のだ。これは比喩表現で述べているのではない。実際に、1円単位の残額も許されないのだ。だから、計上した額とぴったり同じ金額で費消してしまわなくてはならないのだ。

筆者は国税にいるとき、会計に関する業務をしたことがあるが、これは曲芸のような仕事だった。

予算は絶対に使い切らなければならないが、かといって絶対にオーバーはできない（オーバーしようにも役所には予算以上の金は入ってこない）。何億もの雑多な予算を、1円の狂いもなくぴったり使ってしまわなければならないのだ。

これは現実的にありえないことである。予算というのは、年度前にあらかじめかかる経費を元に算定する。しかし1年間にかかる正確な経費が事前にわかるはずなどないのだ。だから、さまざまな細工をして辻褄を合わせるわけである。

ありもしない出張をでっち上げたり、不要なものを購入したりなどの役所の税金無駄遣いは、こういう理由で生まれてくるのだ。

これは民間企業と逆である。

民間企業ならば、経費をなるべく少なくして、会社に利益をもたらせば評価される。だから、経費削減の努力をするわけである。

しかし官僚にとっては、予算を取って使い切るということが仕事である。

だから獲得した予算は必ず使ってしまうし、少しでも多くの予算を取ろうとするわけだ。

税金がいくらあっても足りないのは、結局は役人のこの価値観にあるのだ。

年度末に道路工事が頻発する理由

毎年、年度末になると国中のあちこちで道路工事が行われる。予算を消化するために、年度末になって駆け込みで道路工事を行っているからである。これは、最近では多くの人が知っているはずだ。

この年度末の道路工事について疑問を持つ方もいるのではないだろうか？

「予算を消化したいのであれば、もっとほかの有益なことに使えばいいじゃないか」と。

なぜ、年度末に道路工事が増えるかというと、道路の整備費用というのは、非常に細かい金額で発注できるからなのだ。何センチメートルの単位で発注できるので、数円単位のお金まできれいに合わせることができる。

たとえば999万9999円予算が余ったとすれば、999万9999円分の道路工事を発注すればいいということである。ほかの公共事業であれば、なかなか数円単位で発注することはできない。つまり、道路工事というのは、1円単位まできれいに予算を消化するのに、最適なのである。

この年度末の道路工事は日本の悪しき「風物詩」とさえなっている感がある。国民から見れば、この時期には各地で渋滞が増えるので迷惑でしかない。

しかも、これほど無駄に予算を使っていながら、日本の道路というのは、先進国の中ではとても整備されているとは言い難かったのである。

道路事業費は、日本の公共事業費の中で最大のシェアを占めている。国税庁のサイト「国の財政・公共事業関係費」では、1兆6660億円が道路に使われている。これは高速道路の整備費を除いた額である。

にもかかわらず、日本の道路整備状況は、2010年時点では途上国並みだった。

下の表を見ていただきたい。これは首都圏の環状道路の整備状況である。東京は50%以下である。先進国ではあり得ない状況だ。中国や韓国にさえこの分野で大きく遅れをとっていたのである（2018年になり、ようやく東京圏の整備率は82%と改善されたようだが、たった8年でこれほど改善されたとは信じ難く、何らかのデータ調整がされたと思われる）。

都市名	計画延長	使用延長	整備率	備　考
東京	525km	245km	47%	2010年4月30日現在
北京	433km	433km	100%	2009年9月12日完成
ソウル	168km	168km	100%	2007年12月28日完成
パリ	313km	267km	85%	2009年7月現在
ワシントンDC	103km	103km	100%	1998年完成
ロンドン	188km	188km	100%	1986年完成
ベルリン	223km	217km	97%	2009年1月現在

先進各国の主要都市における環状道路の整備率

出典：国土交通省「諸外国の環状道路の整備状況」

日本のメディアも異常な〝特権階級〟

財務省が、異常に強大な国家権力を持っていること、しかもたった数百人のキャリア官僚によって支配されていることが、日本に深刻なシステムエラーをもたらしていることをこれまで述べてきた。

が、日本ではマスコミにも同様のシステムエラーが生じている。

日本人はあまり気づいていないが、朝日新聞に限らず日本のマスコミというのは、世界的に見れば異常な状況にあるのだ。

まず、大手新聞社の新聞購読シェアの大きさである。

日本の読売新聞は、実は世界一の発行部数を誇る新聞である。そして第2位は朝日新聞なのだ。日本よりはるかに人口が多いインドや中国でも、読売、朝日を超えるような新聞はないのだ。

実は日本の読売、朝日、毎日のような全国の家庭で読まれている「全国紙」というのは、世界にはほとんどないのだ。

世界の有名新聞のほとんどは、その地域地域で発行されているものである。たとえば、世界的に有名なアメリカの新聞「ニューヨーク・タイムズ」は、ニューヨークで発行されているものだ。

またアメリカには「ＵＳＡトゥデイ」という全国紙があるが、発行部数は１４０万部に過ぎない。だから日本の全国紙のように、「全国の家庭で読まれている」ものではないのだ。

なぜ日本には、「全国の家庭で読まれる全国紙」があるのか、というと、それは戦時中の「新聞統制」に由来している。日中戦争から太平洋戦争までの間、政府は言論統制や物資統制の目的で、新聞各紙の統合を進め、原則として「地方新聞は各県一紙のみ」ということになった。

当時、日本で最大手だった読売、朝日、毎日は、ライバル紙が大量に減ることになり、必然的に購読シェアが大きく増えることになったのだ。現在の巨大な大手新聞というのは、戦時中の新聞統制によって誕生したと言えるのだ。

しかも前述のとおり、日本の大手新聞は、それぞれが全国ネットのテレビ局を保有したり、提携関係にある。読売新聞は日本テレビ系列、朝日新聞はテレビ朝日系列、毎日新聞はＴＢＳ系列、そして産経新聞はフジテレビ系列、日本経済新聞はテレビ東京系列である。日本の地上波のテレビ局ネットはすべて大手新聞社と密接な関係があるのだ。

つまり、たった五つの大手新聞社が、日本の新聞とテレビを支配しているようなものである。

これは、世界のメディア界から見れば異常なことである。

マスコミというのは、たくさんあってこそ健全な世論が形成されるものである。世界の国々では、たくさんの新聞、テレビ局などがそれぞれ違った角度から報道する。だから、国民は、ひとつの事柄でもさまざまな面から知ることができる。

しかし日本の場合は、それがない。たった五つの新聞社の意見が、マスコミ全体を支配してしまうことになるのだ。

しかも、テレビ局は広告料が収入源となっており、スポンサーに対しては常に遠慮がある。その遠慮が、テレビ番組だけではなく、新聞記事にも影響されてしまう。つまり、スポンサーに都合の悪いことは、テレビでも新聞でも報じられない、ということになってしまうのだ。

国家権力側から見れば、日本のマスコミは非常に御しやすいものである。なにしろ、五つの新聞社を抑えれば、日本のマスコミ全体を抑えることができるのだ。

しかも五つの新聞社は、国家による規制に守られ、毒まんじゅうをたらふく喰らって肥え太ってきたのである。いざというときは、いつでも国家の言うことを聞くのだ。もちろん、それは国民にとっては非常に危険なことなのである。

花粉症の本当の原因を大半の国民は知らない

その弊害のわかりやすい例をひとつ挙げたい。

日本人の約三人に一人に症状があるとされ、今や日本の国民病となっている「花粉症」という病気がある。春先から夏にかけて、鼻水やくしゃみなどに悩まされ、多くの国民にとって厄介な病気である。

この花粉症の原因は、植物の花粉（主にスギ花粉）だとほとんどの国民は思っている。たしかに花粉が原因のひとつであることは事実である。しかし、もうひとつ大きな原因があるのだ。

それは「排気ガス」などの大気汚染である。特にディーゼルエンジンによる排気ガスが、花粉症の大きな原因となっていることがわかっているのだ。

花粉というのは大気汚染が介在することで、アレルギーを増幅させ、多くの人々に花粉症の症状を生じさせているのだ。

このことは、筆者が特別なルートを使って入手した極秘データなどではない。国立環境研究所や国立大学などで研究が進められ、公表されていることなのである。興味のある方は「花粉症　排気ガス」などで検索してみてほしい。

花粉症は、1960年代から見られるようになった病気である。杉やヒノキの花粉は大昔から飛んでいるはずなのに、昔は花粉症はなかったのだ。

そして花粉症は都会に近いほど発症しやすい。地方の山奥に住んでいる人は、スギ花粉が多いはずなのに、花粉症にはならず、都会に出てから花粉症になったという人も多いはずだ。実際に、スギなどの樹木面積が広い東北や九州では、花粉症の人口が少ないのである。

また大きな道路沿いの住民は、ほかの地域に比べて花粉症になりやすいという調査結果もある。

これらの花粉症の謎現象は、「排気ガス」が引き起こしていると見られるのだ。

しかし、これらの事実はほとんど知られておらず、単に「日本は花粉が多いから花粉症になる」と思っている人がほとんどである。テレビのニュースなどでも、毎日の花粉の量を予想して警戒を呼び掛けたりしているのに、排気ガスの影響に言及することはまずない。花粉症に排気ガスの影響があることは、NHKがちょっと報じたことがあるだけなのだ。

なぜテレビや新聞が、花粉症のもうひとつの原因をほとんど報じないかというと、自動車メーカーや石油会社が、テレビの大口スポンサーになっているからである。

自動車メーカーや石油会社というのは、大手企業の中でも特にテレビＣＭを多く流しているところである。だからテレビ局は忖度して、「花粉症の原因のひとつに排気ガスがある」という情報をほとんど流さないのだ。

また自動車メーカーや石油会社というのは、政治献金の額も大きいし、官僚の主要な天下り先でもある。当然、政治家も官僚も、この問題をなかなか調査したり追及しようとはしない。

その結果、日本人はこれだけ排気ガスで苦しめられているというのに、排気ガスへの取り組みが先進国と言えないほど遅れている。

イギリス、ドイツ、フランスをはじめ、ヨーロッパの多くの国では、首都や都心部への車の乗り入れを規制するなど、日本では考えられないような排気ガス規制を行っている。また電気自動車の普及では、日本はヨーロッパ、アメリカだけではなく、中国にも大きく遅れをとっている。

花粉症のことがなくても、排気ガスが地球温暖化の大きな要因になっていることがわかっているのだ。自動車製造大国の日本としては、世界に率先して排気ガス対策を行わなければならないはずだ。にもかかわらず、日本の排気ガス対策はお話にならないレベルである。

当然、花粉症は治らない。

ちなみに花粉症という病気は日本特有のものである。

世界中にスギ花粉は飛来しているはずだが、花粉症に苦しんでいるのは日本人だけなのだ。もちろん、外国から日本に来た人が花粉症になるケースは多々ある。それは地方都市の日本人が都会に出て花粉症になるのと同様である。

これらを見ると日本の政治家、キャリア官僚、大企業、大手マスコミは、結託して、わざと日本を衰退に導いているようなものである。

日本は衰退すべくして衰退しているのだ。

日本の花粉症が解決するのは、日本に来た外国人が花粉症になって、日本政府を訴えるくらいしか方法はないかもしれない。ジャニーズ問題が、イギリスのテレビ報道であからさまになったように。

コロナワクチンの被害をまったく報じない大手メディア

日本のメディアの異常報道は「花粉症と排気ガス」だけではない。さらに重大な健康被害について、日本の大手メディアは報道してこなかった。

ほとんどの国民は知らないが、新型コロナワクチンでは、甚大な被害が起きているのだ。厚生労働省が認めた、ワクチン死（ワクチンとの因果関係を否定できないと認定したもの）だけでも、523件もあると言われている（2024年3月現在）。

この数値は、ワクチンとしては異常なものなのである。

1977年からの45年間で、日本で新型コロナワクチン以外のあらゆるワクチンにおいて、死亡が認定された人は一五一人しかいない。一方、新型コロナワクチンは、現時点ですでに五二三人もの死亡が認定されているのだ。たった2年間で、45年間の累積数を3倍以上も上回っているのだ。

またコロナワクチンの接種回数に対する死亡者の割合も、ほかのワクチンと比べて群を抜いて大きい。インフルエンザワクチンと、コロナワクチンを比べた場合、接種回数に対する認定死亡者の割合は約100倍にも上るのだ。

しかも、この数字は、厚生労働省が「認定したもの」だけだ。

ワクチン接種後に二〇〇〇人以上の死亡が医者から報告されている。この二〇〇〇人というのは、現場の医師が「ワクチンとの関連性がある」と判断したものだけなのだ。

しかも現場の医師が、「ワクチンとの関連性がある」という報告を出すのも、非常に厳しいハードルがあり、遺族が求めてもなかなか医師や病院の方が、承諾しなかったり協力しないことも多い。だから、実際には、その10倍以上の被害があるのではないか、とも見られている。

このワクチン被害の情報も、別に筆者が特別なルートで入手した極秘資料というわけではない。厚生労働省が発表しているデータである（ワクチン分科会発表資料）。にもかかわらず、大手メディアが報じることはほとんどない。

10代の子のワクチン接種後死亡を報じない

2023年の7月、3回目のコロナワクチンを接種した14歳の女の子が、45時間後に死亡した事件について、厚生労働省が「コロナワクチンとの因果関係を否定できない」と判定した。

このニュース自体も恐ろしいものだが、報じられ方も非常に恐ろしい。

というのも、この14歳の女の子が死亡したのは、2022年8月12日であり、報じられたのは翌年5月になってからのことである。この女の子が死亡したときには、どこの新聞もテレビも報じることはなかったのだ。

現代日本では、10代の子が一人でも変な死に方をすれば、事故であれ、事件であれ、大々的に報じられるものである。しかし、この事件はまったく報じられなかったのだ。しかも、こういうことは初めてではない。

たとえば、2021年3月、26歳の女性がワクチンを打った4日後に脳出血で死亡している。これは政府も一応、発表しているが、なぜかテレビ等の大手メディアで報じられることはほとんどなかった。

2021年3月というと、ワクチン接種が始まったばかりのときである。しかも20代の女性が急死したのだ。本来なら、新聞、テレビで大々的に取り上げられるべきである。しかし、この件も国民のほとんどは知らない。そのため、さらに多くの老若男女の国民がワクチン接種をすることになったのだ。

また2022年1月に13歳の男の子がワクチンを打って4時間後に死亡しているが、これも大手メディアではまったくと言っていいほど報じられなかった。

この事件は厚生労働省が発表しているものなので、サイトを見れば誰でも確認できる。当時、10代の子が新型コロナで死亡するケースはほとんどなかった。しかし、ワクチン接種が開始されるとすぐに数名の方が亡くなっている。これもデマでもなんでもなく、厚生労働省の資料でわかることだ。

これらのことを大手メディアがほとんど報じなかったということは、明らかに異常なことである。

この時期、10代の子供たちへのワクチン接種が開始されたばかりの時期だった。もし、この事件が報道されていれば、10代の子供たちの多くはワクチン接種を控えたはずだ。

このような事例は枚挙にいとまがない。

厚生労働省の〝データ捏造〟もほとんど報じず

2022年4月、厚生労働省が発表してきたワクチンデータに大きな誤りがあることが公表された。これは大きな誤りというより、捏造に近いものだった。

当時、厚生労働省はサイトにおいて、新型コロナ陽性者がワクチンを接種しているかどうか、何回接種しているかのデータをグラフにして公表していた。

このデータでは長い間、

「ワクチン接種した方が圧倒的に新型コロナに感染しにくい」

という数値が報じられていたのだ。

政府は、このデータを元にして、

「ワクチンを打った方が感染しにくいからワクチンを打て」

と国民にしつこく喧伝していた。

が、この厚生労働省のデータは、

「ワクチンを接種したかどうかわからない人」

「ワクチンを接種した日がわからない人」

もワクチン未接種者の数に入れる、というメチャクチャなことをしていた。こういうことをすれば、未接種の感染者の人数が増えるのは当たり前である。

このことを名古屋大学名誉教授の小島勢二氏が、国会議員を通して厚生労働省に追及した。

すると厚生労働省が、データを修正したのだ。

その修正したデータでは、大半の世代においてワクチン未接種者よりもワクチン2回接種者の方が感染率が高いということになった。つまりは、「ワクチンを接種しない方が感染しにくい」ということである。

ワクチン3回接種者は未接種者よりも感染率が低いが、それも目を見張るほど低いわけではない。このデータから読み取れば、ワクチン3回接種者も、そのうち感染率が上がってきて未接種者よりも高くなることが予想される。

つまりは、「ワクチンを打った方が感染しやすい可能性が高い」ということなのだ。

この「データ修正事件」も、本来、大変なニュースのはずだ。

全国民の健康、命に関わる新型コロナワクチンのデータに重大な誤りがあり、しかも限りなく捏造に近いものだったのだ。政権が倒れるくらいの大問題のはずだ。

にもかかわらず、大手メディアはこの問題をほとんど扱わなかった。扱っても、「ちょっとデータに誤りがあった」程度で済ませてしまっていた。

また2021年9月に行われた新型コロナウイルス感染症対策アドバイザリーボードにおいて、提出された厚労省のデータでは、65歳以上の人たちは、ワクチンを接種した方が致死率が低くなっていたが、65歳未満の人たちでは、逆にワクチンを接種した方がコロナに感染した際の致死率が高いという結果になっていた。

そして全年齢でも、ワクチンを接種した方がコロナに感染した際の致死率は高いという結果になっていたのだ。全年齢では、ワクチン2回接種者は、ワクチン未接種者の約5倍も致死率が高いというデータになっていた。

つまりは、2021年9月の段階ですでに、「ワクチンは重症化予防の効果もない」「少なくとも65歳未満の人にはデメリットしかない」という結果が出ていたのだ。

このことについても、大手メディアはほとんど報じることがなかった。

本来これも大変なニュースのはずだ。新型コロナワクチンには、感染予防効果もなく、重症化を防ぐ効果もないかもしれない、むしろ、感染しやすく、重症化しやすいかもしれない、ということが、国のデータからわかってきたのだ。

こんな重要なニュースが、日本では報じられることがほとんどなかったのだ。

その結果、世界の国々がワクチンから離れていっても、日本だけが、ワクチンを打ち続け、感染率や死亡率が跳ね上がっていく、という結果を生んでしまったのだ。

しかも、こともあろうに、厚労省はその後、ワクチン接種回数ごとの詳細なデータを公表することをやめてしまった。

ワクチン薬害が報じられない恐ろしい理由

その結果、日本は、世界でもっともワクチンを接種した国になってしまった。

日本は一〇〇人あたりのワクチン接種率は３００以上であり、断トツの世界一なのだ。

世界最大のコロナ被害を出したアメリカは２００程度であり、日本人はアメリカ人の１・

5倍もワクチンを打っているのだ。

そして、日本がワクチン接種率世界一となった2022年の後半には、日本は世界最悪のコロナ感染率、コロナ死亡率となっているのだ。しかも新型コロナワクチンは、時が経つほどに深刻な薬害が次々に明るみになっている。


日本以外の国のほとんどは、多くても3回で打ち止めしており、2022年以降もワクチンを打ち続けたのは日本くらいだった。

日本以外の国では、コロナワクチンに関する危険性やネガティブな情報が、ある程度は報じられていた。2022年1月の段階で、すでに欧州連合（EU）の医薬品規制当局は、新型コロナウイルスワクチンのブースター（追加免疫）接種を頻繁に行うと免疫系に悪影響を及ぼす恐れがあると警告している。

またWHOも、2022年の段階で、「普通の人のブースター接種は推奨しない」と発表している。

しかし、日本では大手新聞、テレビが、ワクチンのネガティブ情報をほとんど報じなかったため、いつまでもずるずるとワクチンを打ち続けたのだ。

そもそも、ワクチンというのは、通常は10年以上もかけて有効性と安全性を確認しながら完成させるものであるが、コロナワクチンは、そういう過程をすっ飛ばして数か月でつくられたものである。常識的に見ても、有効性や安全性に、絶対の信頼をおけるはずはなく、常にチェックしておく必要があった。

にもかかわらず、日本の大手新聞やテレビは、ワクチンは絶対に有効で安全なものということを喧伝し、それどころか、少しでもワクチンに疑問を持てば「非科学的」「反ワクチン」などのレッテルさえ貼られた。

なぜ日本の大手新聞やテレビがここまでコロナワクチンを手放しで推奨してきたか？

まず厚生労働省が、強力に推進したことがひとつある。国が強力に推進していることなので、国から許認可をもらっているテレビ局は、国の方針に従わざるを得ないということだ。ただそれでも、国の方針が本当に正しいかどうかをチェックするのが、マスコミの重要な任務であり、マスコミの存在意義でもある。それを怠ったということは、大手新聞やテレビは、存在意義がないということだ。

それともうひとつ大きな理由がある。こちらの理由の方が罪は大きい。

コロナワクチンの推進にあたって、厚生労働省や製薬会社は、莫大な広告費を使っている。その広告費は、もちろんメディアに落ちることになる。大手新聞・テレビは、広告費という毒まんじゅうを喰わせられたために、真実を報じることができなかったのだ。

そして、ここにも、「大手新聞とテレビが密接な関係であることの害」があらわれている。

コロナワクチンの被害は、細々ではあったが、地方のテレビ局では報じられることがあった。名古屋のＣＢＣや関西のサンテレビなどである。名古屋のＣＢＣは、ＴＢＳ系列だが、ＴＢＳというのは毎日新聞と連携はしているが、ほかのテレビ局のような資本的な関係はほぼない。またサンテレビは、神戸新聞の系列ではあるが、全国テレビネットには入っていない独立系の放送局である。つまり大手新聞との結びつきが弱いテレビ局だけが、コロナワクチンの被害を報じているということだ。

逆に大手新聞とその系列のテレビ局は、未だに「コロナワクチン絶対正義」という姿勢を崩していない。大手新聞と系列テレビ局は、国民に対するかつてないほどの大罪を犯しているのである。

あとがき

現在の日本は明らかに衰退している。

衰退どころか、このままいけば100年も持たずして国が消滅してしまうのではないか、というような危機に瀕している。

この日本衰退の要因は、いくつもある。が、その最大要因として、財務省の権力肥大化が挙げられるはずだ。

本文で何度も触れたが、財務省は、予算策定権だけではなく、徴税権、金融監督権、公正取引を監視する権利、はては日本銀行にまで権力を及ぼしている。こんな強大な権力を持っている省庁は、世界的にも類がない。

世界の近代国家、民主主義国家は、権力分散を理念としてきた。それは、権力が集中すると腐敗が絶対に起きるからである。だから「権力は分散した上で常に監視するべき」というのが、現代の民主主義国家の基本でもある。

日本は、この民主主義の理念の、正反対を行っている。

国家権力は財務省に集中され、それをまともに監視する仕組みがない。

しかも、この財務省の巨大な国家権力は、たった数百人のキャリア官僚によって握られている。

この財務省の巨大権力のたちが悪いことには、「裏で権力を握っている」ということである。国家権力というのは、建前の上では、選挙で選ばれた政治家が握っていることになっている。だから、政治の失敗などがあれば、政治家は国民から責任を取らされる。実際に失政のために、政権交代したことは何度もあるし、選挙で落とされ失職した政治家も何人もいる。

しかし、財務省のキャリア官僚たちは、どれだけ失政を繰り返してきても、国民から責任を取らされることはない。彼らはスキャンダルや不祥事を起こさない限り、職を追われることもなく、退職後は厚遇の天下りポストを用意される。

だから、消費税という史上まれに見る悪税が、政権が代わっても引き継がれ推進されてきたのだ。

日本を再建するためにまずやらなければならないことは、財務省の実質的な解体である。

具体的に言えば、日本銀行、国税庁、金融庁、公正取引委員会などとの関係をまったく遮断してしまうことだ。これは、早急にやらなければならない。政治家は、なかなかこれをすることができないので、世論の力で成し遂げなければならない。

そしてキャリア官僚システムも壊すべきだ。入省時に学科試験の成績がよかったというだけで、強大な特権が与えられるという今のシステムは、明らかに異常なものである。このシステムがあるために、キャリア官僚は強烈な特権意識を持ち、「特権を守る」ということを最優先に行動してきた。それが、国に多大な害悪をもたらしてきたのだ。

官僚の幹部ポストの選考はオープンにし、いろいろな分野から優秀な人材を集め、それなりの報酬を払う、ということにしなければ、「財務省キャリアの特権体質」「天下りの弊害」はいつまでたっても解消されない。

財務省のキャリア官僚自身、本当は知っているはずである。

「日本がかなりヤバい状況にあること」

「その大きな原因が自分たちの存在だということ」

を。

財務省のキャリア官僚たちも、民主主義国にとっては「権力は分散すること」が基本理念だということはわかっているはずだ。日本の国家権力が財務省に異常に集中しているということも、当然自覚しているだろう。

財務省キャリア官僚たちも、最初から、「自分たちの巨大な権力を維持すること」「天下りで得られる巨額の報酬」を目的に官僚になったわけではないはずだ。

彼らは、学力的には非常に優秀で、同級生たちは超一流企業に入った者も多いし、在学中に弁護士や公認会計士などの資格を取った者もかなりいる。お金を稼ぐ目的であれば、ほかの方法はいくらでもあったはずで、わざわざ官僚になる必要はなかった。

彼らとて、最初は「国のために働きたい」という高い志をもって財務省キャリア官僚になったはずだ。

だが、いざ財務省キャリア官僚になってみると、巨大な権力を持つことの快感に酔いしれ、その権力を維持することが最大の目的となってしまったのだろう。そして、大きな権力を持っている割に収入はそれほど多くないので、それを補うために天下りして美味しいポストを得ることが、自分たちの当然の報酬のように思うようになったのだろう。

その結果、財務省キャリア官僚と、国民の幸福はまったく相反するものとなってしまったのだ。

細っていくばかりの国民の消費にさらに税や社会保険料を課し、溢れんばかりに金を貯めこんだ大企業や富裕層には恩恵ばかりを与える。その結果、億万長者の富は膨れ上がっているのに、それ以外の国民は夫婦共働きで必死に働いても、子供二人もまともに育てられないという国になってしまった。

当然、財務省キャリア官僚たちには、その大きな責任がある。彼らは何しろ、強大な国家権力を持ち、日本の政治経済を支配してきたのだから。今後、彼らの悪行はどんどんあからさまになっていき、世間の批判はさらに厳しくなっていくはずだ。

財務省キャリア官僚たちは、世間から袋叩きにされる前に、自らこの欠陥システムを壊すべきである。

日本の衰退には、もうひとつ大きな原因がある。

それはマスコミが当たり前に機能していない、ということである。

国家権力というのは、放っておくと必ず腐敗する。だから常に、監視しておく必要がある。その重要な任務を担っているのが、マスコミである。

しかし、日本の大手マスコミは、まったくこの任務を果たしていない。

しかも日本の大手マスコミのたちが悪いことには、一応、権力に対して批判的な立場に立っているのである。そして、ところどころで権力に批判的なことを言う。しかし、肝心なところでは、完全に権力側に籠絡されているのだ。

これは見方によっては、中国やロシアの国営メディアよりも悪質である。中国やロシアの国営メディアならば、政権寄りの報道しかしないことを国民も世界の人々も知っている。そういうつもりで報道内容を判断する。

しかし日本のメディアの場合は、表面上は「権力を監視している」というポーズをとっているので、国民は騙されやすいのである。

そして、日本の大手マスコミが、国家権力から籠絡されているのは、マスコミ自身が巨大な権力と利権を持っているからである。

本文で述べたように日本の大手マスコミは、世界でも稀な、大発行部数の新聞とテレビが複合経営を行っている。しかも、政府からさまざまな特権を与えられている。こういうマスコミに、「権力の適正な監視」などできるはずがないのだ。

日本を再建するにあたっては、大手マスコミの解体も必須事項だと言える。

彼らの新聞・テレビの複合経営は、絶対に解消させなければならないし、不動産経営とも分離するべきである。記者クラブなどの特権も廃止し、消費税の軽減税率も取り上げる。

そして、テレビ・新聞が、国やスポンサーに対して忖度した報道をした場合、厳しい罰則を設けるべきである。第三者機関をつくり、報道内容を吟味し、報道すべきことを報道しなかった場合には、放送免許のはく奪などの強い罰を与えるのだ。

大手マスコミの記者たち、ひとりひとりに問いかけたい。

「これだけ貧富の格差が広がっている中で、消費税を推進して良心が痛まないのか?」

「コロナワクチン接種後、数時間で死亡した中学生のことを報じないで、マスコミの存在意義はあるのか?」

と。

彼らとて、最初は、「社会の真実を報道したい」「社会の役に立ちたい」と思って、マスコミ業界に入ったはずだ。が、巨大な特権企業に入ってしまった彼らは、いつしかすっかりその特権に酔いしれてしまい、その特権を維持することが最大の目的となってしまった。

巨大な権力を生じさせることは、人を狂わせ社会を崩壊させてしまうのだ。

現代日本は、さまざまな問題を抱えているが、もっとも早く解決しなければならない問題は、「財務省キャリア官僚」と「大手メディア」の権力集中問題である。この問題を早急に解決できないかぎり、日本の衰退、滅亡は免れないだろう。

最後に、夕日書房の山野浩一氏をはじめ本書の制作に尽力いただいた皆様に、この場をお借りして御礼を申し上げます。

二〇二四年六月　　大村大次郎

著者紹介

大村大次郎（おおむら・おおじろう）

大阪府出身。元国税調査官。国税局で10年間、主に法人税担当調査官として勤務。退職後、経営コンサルタント、フリーライターとなる。執筆、ラジオ出演、フジテレビ「マルサ‼」の監修など幅広く活躍中。著書に『完全図解版 税務署対策最強マニュアル』『宗教とお金の世界史』『金持ちに学ぶ税金の逃れ方』『18歳からのお金の教科書』『改訂版 税金を払う奴はバカ！』『消費税を払う奴はバカ！』『完全図解版 税務署員だけのヒミツの節税術』『増補改訂版 消費税という巨大権益』（以上、ビジネス社）、『「金持ち社長」に学ぶ禁断の蓄財術』『あらゆる領収書は経費で落とせる』（ともに中公新書ラクレ）、『会社の税金 元国税調査官のウラ技』（技術評論社）、『やってはいけない老後対策』（小学館新書）、『税務署の怖い話』（宝島社）、『税務署・税理士は教えてくれない「相続税」超基本』（KADOKAWA）、『ひとり社長の税金を逃れる方法』（かや書房）ほか多数。

朝日《あさひ》新聞《しんぶん》が財務省《ざいむしょう》の犬《いぬ》になった日《ひ》

2024年7月30日　第1刷発行

著 者　大村大次郎

発行者　山野浩一
発行所　株式会社夕日書房
〒251-0037　神奈川県藤沢市鵠沼海岸2-8-15
電話・FAX　0466-37-0278
https://www.yuhishobo.com

発 売　株式会社光文社
〒112-8011　東京都文京区音羽1-16-6
電話　書籍販売部 03-5395-8116　制作部 03-5395-8125
https://www.kobunsha.com/

装 幀　クリエイティブ・コンセプト
ロゴデザイン　ささめやゆき

印刷・製本　中央精版印刷株式会社

ISBN 978-4-334-10350-7

夕日書房◆好評既刊

経済学の道しるべ

岩田規久男

2023年9月刊

私たちが暮らす経済社会は、民間活動からなる市場経済と、それを補完・修正する国家活動とで構成されている。重要なのは、後者が、私たちの生活を豊かにし、厚生を増大することができているかという点である。それを見極めるためには、実際に起きている経済現象を正しく理解しなければならない。ところが、新聞・テレビなどの大手メディアやSNSでは、間違った理解に基づく報道・情報が大手を振ってまかり通っている。本書では、経済学の基礎的な知識を学び、経済現象を正しく理解するための「道しるべ」を示す。

定価（本体1900円＋税）　ISBN 978-4-334-10063-6
発行：夕日書房　発売：光文社

夕日書房◆好評既刊

池波正太郎 粋な言葉　里中哲彦

２０２３年５月刊

令和五（二〇二三）年に生誕百周年を迎えた作家、池波正太郎。『鬼平犯科帳』『真田太平記』『剣客商売』『仕掛人・藤枝梅安』など、生み出された作品のストーリー性もさることながら、その神髄は池波自身が語る、また作中人物に語らせる言葉にある。あらゆる池波作品から成熟した大人の機微や余韻を感じさせる名言を取り上げ、その魅力に迫る。

定価（本体１４００円＋税）　ISBN 978-4-334-99016-9
発行：夕日書房　発売：光文社

夕日書房◆好評既刊

バカ老人たちよ！

勢古浩爾

2024年3月刊

年寄りがいたるところに進出している。「人生100年時代」といわれ、自分中心の傍若無人な立ち居ふるまいが目に余る。かつての老人は、泰然自若とした立派な精神と態度の持ち主がもう少し多かった（ように思える）。ところが昨今の老人はどうだろう。わが国のみならず世界中に、我が物顔で醜態を晒す残念な姿が目に付く。ひとのバカ見てわがバカ直そう。殷鑑遠からず。——そんな想いで綴られた、年配者向けのコンパクトな一冊。新書ワイド版。

定価（本体1100円＋税）　ISBN 978-4-334-10234-0
発行：夕日書房　発売：光文社